70歳現役FPが教える

60歳からの「働き方」と「お金」の正解

浦上 登 Noboru Urakami

JN125542

PHP

は じ め に

　私は、1951年生まれ、現在71歳の現役ファイナンシャル・プランナー（FP）です。

　1975年に早稲田大学を卒業し大手重工業メーカーに入社、2005年にそのグループ会社の保険代理店に移籍し、2017年に退職して以来、コンサルタントの仕事を行ってきました。

　会社の仕事では海外発電プラント・ビジネスに携わり、35ヶ国に出張、多数のプラントを受注するとともに海外企業との提携を行い、アメリカ・ロサンゼルス駐在を経験、その後グループ会社への移籍、会社退職なども体験しました。一方、私生活でも、結婚、子育て、子供の教育、資産運用、家の購入などの人生のルーティンを一通りこなしてきました。

　そのような私に相談に来られる方は、年齢も性別も様々で、テーマもライフプラン全般にわたっています。

　ただし、時代の趨勢を反映してか、中高年の方からの働き方に関する相談、退職後の起業についての相談が増えてきました。それらの相談に対し、私は理論だけでなく、自らの経験をベースにしたアドバイスを行っています。

　65歳からの年金の支給開始の定着により、60代は第二の人生の出発点となりました。定年も60歳から65歳への延長の途上です。

　人生100年時代と言われ、老後は長くなったものの、ウクライナ戦争や円安による物価高、じわじわと忍びよってくる増税や社会保険料の値上げの動きなど、世の中がどこに進もうとしているのか、方向性がなかなか見えてきません。仕事に関しても、再雇用で会社に残ったが、待遇も権限も想像以上に限定されてしまったという話もよく聞きます。

　政府は定年をさらに引き上げようとする動きとともに、75歳までの年金の繰下げを推奨しています。高齢者も働かせることを目指しているようですが、それに対する対策を今から考えておく必要があります。

　そのような状況で定年後の人生を豊かにするためには、現役時代と変わらず「お金を稼ぐ、増やす、守る」ことが求められます。

　しかし、第二の人生をどのように切り開いていくかについて、迷われ

ておられる方も多いのではないでしょうか？

　継続雇用を選んで、今の会社で働き続けるか？　別の道を選ぶのか？

　私としては、最初は継続雇用を選択したとしても、いずれは年金を全額もらいながら、個人事業主として働くことをお勧めしています。

　第二の人生を充実させ、成功させるための秘訣は、以下の３点に尽きます。

1.　事業をできるだけ長く続けること。そのためには、好きな仕事を選ぶこと。
2.　資産運用はインデックス・ファンドへの長期積立投資をベースに、焦らず、中断せず、少額でも長く続けていくこと。
3.　年金、税金、保険などの知識を身に付け、少しでも自分の手取りを多くする方法を見つけること。

　それでは、本書で述べていることを簡単にご紹介したいと思います。

1.　お金を稼ぐために、前向きかつ計画的に準備する

　第２章、第３章では、仕事について説明しています。

　再雇用期間中の副業として個人事業主の仕事を始めておくことが、会社退職後の独立のための最良の準備になります。

　また、好きな仕事が何かを見つけるためには、キャリアの棚卸をして自分自身を見つめ直すことをお勧めしています。

2.　お金を増やすことは生活を豊かにするために必須
　　──しっかりした考え方と方法論を持つ

　投資の考え方とその方法は第６章で説明していますが、まずは、自分の理解できない商品に手を出してはいけません。

　推奨する投資の方法は分散投資です。なぜ分散投資が有効かについても説明しています。

　さらに、インデックス・ファンドへの長期積立投資以外に何を投資の対象にすればよいか、なぜ徹底した低コストを目指す必要があるかについても解説しています。

3. お金を守ることは、事業を成功に導くために不可欠
——考えるべき範囲も広く、最もノウハウを必要とする分野

　自分がどのくらいの年金をもらえるのか、また、効果的な年金の受け取り方を知る必要があります。

　年金の計算の仕方も説明しています。

　また、税金の知識を身に付けることで手取り収入が増えることも見逃してはいけません。

　個人事業主になるメリットは、最低限の帳簿付けをすると、事業所得となり、税務上の優遇措置（そち）が受けられることです。具体的には、

- 青色申告特別控除
- 事業所得が赤字になった場合、年金所得や給与所得との損益通算による税金の還付などです。

　その他、起業をするなら、自宅の一部を事務所にすると節税になること、確定申告による税金の還付請求についても解説しています。

　また、社会保険と民間保険の保障は重複していることがあります。例えば公的医療保険の高額療養費制度と民間医療保険の保障、遺族年金と民間生命保険の死亡保障などです。どうすれば保険を重複させないで効率的に活用できるかについても述べています。

　これらについては、第4章・第5章・第7章で説明しています。

　私自身、ファイナンシャル・プランナーの役割は、生活者の立場に立って、生活者の利益を守る情報を提供することだと考えています。この本を読んでいただければ、効率のよい働き方と自分の資産を少しでも増やす方法を知っていただけるはずです。そして、それを一つ一つ実践に移すことで、その効果を試していただければと思っています。

　読者の方々が、もう一度自分の生き方を考え、未来への準備を始めていただけるきっかけになれば、それに優る喜びはありません。

Contents

第 **3** 章
定年後に向けての具体的な準備

第 **4** 章

年金はいくらもらえるか

第 **5** 章

節税のやり方

第 6 章
老後資金の増やし方

第 **7** 章

保険について知っておくべきこと

企画協力　ネクストサービス株式会社　松尾昭仁
装　　　丁　一瀬錠二（Art of NOISE）

第 **1** 章

60代は
新たな人生の出発点

1-1 60代は第二の働き方への出発点、そのポイントとは？

　60代はほとんどの人が現在の働き方を卒業して、第二の人生へ踏み出す年齢です。

　従来であれば、60歳または65歳で定年退職して、あとは年金生活、余生をどう過ごそうかという年代でしたが、今は違います。60代、70代になっても元気で働いている人が多くいます。

　また、年金だけでは豊かな老後は過ごせないという認識も広まっており、第二の人生も働きながら、より充実した人生を過ごすという生き方に変わってきています。

　そう考えると、60代は新たな人生への出発点なのです。

　また、人生100年と考えると、60代の方々には40年近い人生が残されているのです。

　あなたは、生まれてから40歳までの間に何をしましたか？

　学校を卒業し、社会に出て、新たな家庭を築かれたでしょうか？

　うれしいこと、悲しいこと、いろいろなことがあったと思います。

　私はその40年で、人生でやるべきほとんどのことをしてしまった気さえしています。

　でも考えてみると、60歳からの人生もそれと同じ時間が残されているのです。老け込んで毎日無為に過ごすにはもったいなさすぎます。

　私は、若いころ海外向けのビジネスをしていたので、海外に出張したり、駐在したりしました。6月のスペインは夜の10時近くまで日が沈みません。夕方6時に仕事を終えて、観光スポットに行って食事をしたり、お酒をのみながら、フラメンコを見たり、またロサンゼルスにいたころは、仕事が終わってから近くのゴルフ場でハーフ・ラウンドをすることができました。

日本では仕事が終わって、家へ帰って寝るだけと思っていた一日が、二度使えることを発見したのです。

　それと同じことが人生においても言えるのです。二度目の人生が60代には待っています。

　この本を読まれているあなたは50代ですか、60代ですか、あるいは、40代でしょうか?

　ちょうど第一の人生から第二の人生への境目におられる方か、今から将来の境目のことを考えておられる方だと思います。

　第一の人生の締めくくりとともに、第二の人生をどのような形で始めようかと考えておられることでしょう。

　再雇用や転職、独立や起業なども考えておられるかもしれません。

　第二の人生には厳しさと希望が交錯しています。

　第二の人生でどんな仕事をするか?　これが大きな課題です。

　できれば今までに培ってきた自分の強みを生かした仕事、経済的、合理的な方法でお金を稼ぐ仕事をしたいものです。

　一方で、その人生をいつから始めるかが問題です。少なくとも、年金を本格的にもらえるようになる65歳までは、まだまだ自力でお金を稼がねばなりません。まだ、子供の学費を稼がねばならない方もおられるでしょう。独身の方も自分自身の老後の準備を考える必要があると思います。

　当面は第一の人生の延長戦を戦いながら、よりよい第二の人生を考えてみようではありませんか。

　また、子供のため、家族のために働いてきた方も、その重荷から解放されるでしょう。プラスαで稼いだお金は、その後の豊かな人生のために使うことができるのです。

　そのような第二の人生を過ごせるように、皆さまのお役に立てるような知恵出しをしていきたいと思っています。

1-2 定年後再雇用、転職、個人事業主としての起業など、いずれの道を選ぶか？

　それでは、60歳以降も働く人の人生にはどのような道があるでしょうか？　おおざっぱに言うと次の5通りが考えられます。

(1) 継続雇用制度による現在の会社での勤務の継続
(2) 転職
(3) 関連会社へ移籍
(4) 現在の会社で役員昇格
(5) 個人事業主として起業

　この中で、一番ありうる選択肢は、継続雇用制度による現在の会社での勤務の継続でしょう。
　継続雇用制度とは、定年後も、本人が希望すれば、現在の会社で継続して働ける制度のことで、「再雇用制度」と「勤務延長制度」があります。

　高年齢者雇用安定法という法律があり、すべての企業に対し、2025年4月までに定年を65歳以上にすることを義務付けています。
　それと同時に、70歳まで働ける努力義務も課しているので、近い将来、70歳まで働けるようになる可能性もあります。

　ところが、厚生労働省 「令和4年就労条件総合調査の概況」によると、2022年時点で、60歳を定年とする企業が72.3％、65歳を定年とする企業が21.1％となっています（従業員1,000人以上の企業は、60歳定年：79.3％、65歳定年：17.1％なので、大企業の方が定年が早いことになります）。
　この数字を見ると、まだまだ65歳定年の準備ができていないように

見えますが、60歳定年の企業も含めた定年制を定めている企業のうち、再雇用制度や勤務延長制度を採用している企業が94.2%となっているので、ほとんどの企業が社員に対して定年後の再就職の道を開いていることになります。94.2%のうち、「再雇用制度のみ」が63.9%、「勤務延長制度のみ」が10.5%、「両制度併用」が19.8%となっています。

1-2-表1 をご覧ください。

「再雇用制度」とは、定年に達した者をいったん退職させた後、定年までとは異なる雇用形態で再び雇用することをいいます。異なる雇用形態とは、契約社員、嘱託社員、非常勤社員、パートタイマー、アルバイトなどをいうので、再雇用後は、役職、賃金、仕事内容などが大きく違ってくる可能性もあります。ただし、事務職を清掃職にするような職種の変更はできません。再雇用の場合、いったん退職するので、雇用契約を改めて締結し、退職金は退職した時点で支払われることになります。

「勤務延長制度」とは、定年に到達した者を退職させることなく、これまでと同じ雇用形態で働き続けられるようにすることで、雇用形態、役職、賃金、仕事内容なども大きく変わらず、勤務期間だけ延長されるのが一般的です。この場合、退職金は勤務延長期間終了後に支払われます。「勤務延長制度」は、業務の性格・内容により、定年を迎える社員の後任を確保するのが難しい場合に、定年後もそのまま雇用する制度で、会社が「余人をもって代えがたし」と判断したときに適用されます。

定年後、現在の会社に残るにしても、再雇用制度と勤務延長制度では仕事も待遇も異なるため、その内容次第では、今後の道の選択に影響を与えることになると思います。

「余人をもって代えがたし」ということで、現役時代と同じ待遇で当分の間残ってほしいということならば、迷うことなく今の会社に残るでしょうが、権限も制限され給与も大幅ダウンすることが、どうしても納得できないようなら、別の道を探すことを考えざるを得ないでしょう。

1-2-表1 継続雇用制度の内容

継続雇用制度とは労使協定で設定した基準を満たす労働者のみを継続雇用制度の対象とする制度で、2025年4月以降（経過措置が終了する時点）は、希望者全員を継続雇用制度の対象としなければなりません。

	再雇用制度	勤務延長制度
内容	定年を迎えた社員について、本人希望に基づき、再雇用とする制度 雇用形態、労働条件、役職・賃金・仕事内容は、以前と変わる可能性あり ただし、職種の変更（例えば、事務職を清掃担当にするなど）はできない	定年を迎えた社員について、本人希望に基づき、勤務期間を延長する制度 雇用形態は維持し、役職・賃金・仕事内容は大きく変わらない
目的		定年退職予定の社員に代わる人材を見つけることが、業務内容の熟練度や特殊性により難しい場合、当該労働者を定年後もそのまま雇用することができる制度
継続雇用制度導入企業に占める比率（並行導入あり）(注1)	再雇用制度のみ　63.9% 勤務延長制度と並行導入 19.8% 計　83.7%	勤務延長制度のみ10.5% 再雇用制度と並行導入 19.8% 計　30.3%
雇用形態と労働契約	再雇用時に、雇用契約が改めて締結され、雇用形態、労働条件、役職・賃金・仕事内容などが改めて設定される 再雇用後の雇用形態は契約社員（有期雇用）・嘱託社員・非常勤社員、パートタイマー、アルバイトなどとなる	雇用形態・労働契約とも従来通り
退職手続と退職金	再雇用開始前に退職手続をとり、退職金が支払われる	退職手続はせず、退職金は勤務延長期間終了後に支払われる

	メリット	再雇用制度がある場合、本人が希望すれば会社は継続雇用する義務がある（勤務延長制度と併用されている場合はどちらにするか会社が選択可能）	勤務延長制度がある場合、本人が希望すれば会社は継続雇用する義務がある（再雇用制度と併用されている場合はどちらにするか会社が選択可能） 雇用される側としては、雇用形態や労働条件も大きく変わらないため、従来の仕事に満足している場合は望ましい
	デメリット	仕事内容が大幅に変わったり、給与が大幅にダウンするなど、処遇面で折り合いがつかないリスクがあり、仕事へのモチベーションが維持できなくなる可能性がある	

（注1）継続雇用制度による雇用先の範囲には、特殊関係事業主（子会社・関連会社など）も含まれる
厚生労働省「令和4年就労条件総合調査の概況」

　次に第二の「転職」という道もあります。今までの仕事で知り合った人から誘われたり、学生時代からの友人に誘われたりした場合は、試験を受けて採用されるより、長年の付き合いに基づく安心感がありますし、転職後のトラブルも少ないと思われます。

　ただし、転職したからといって、待遇がよくなるとは限らないので、そこは、転職先を選ぶにあたって十分に注意すべき点だと思います。

　また転職といっても、知人から誘われるのではなく、自分で試験を受けて他の会社に入る場合もあるでしょう。その場合の雇用形態は、正社員、契約社員、パートタイマー、アルバイトなど様々です。

　第三の道として、関連会社へ移籍する道もあります。仕事の内容は若干変わるかもしれませんが、関連会社の役員になれれば、70歳近くまで勤務を継続できる可能性があります。

　最も恵まれた道は、今の会社で成功して役員に昇進することです。

このコースをとることができれば、経済的にも困らないし、役員退任後も様々な手立てで仕事を見つけることも可能です。あるいは、楽隠居をしてもよいかもしれません。

　ただし、これらのいずれかの道を行くことになったとしても、そう遠くない将来に会社を退職する日は来るので、その時にどうするかという問題は残ります。

　ここまで述べたことをまとめると次のようになります。
　再雇用制度か勤務延長制度で現在の会社に残る。この道は待遇次第ということになる。仕事で力を発揮できて、給与もそれほど落ちなければ、続けていくという選択肢はあると思います。また、仕事にも待遇にも恵まれないとしても、当面は副業をしながら会社に残るという選択もあると思います。

　転職の場合も同様で、仕事の内容と待遇を十分検討した上で判断することが必要です。

　関連会社への移籍は、仕事の内容と待遇がそれほど変わらず、また、その会社の役員になる道が残されているのであれば、その道を選んだほうがよいと思います。ただし、それでも引退の時期は訪れます。

　今まで述べたいずれの道を歩んでも、いつかは来る第二の人生のために私が最もお勧めするのが、「個人事業主としての起業」です。

　60代からの「個人事業主としての起業」には、いくつかの合理性があります。

(1) 自分のやりたい仕事を選ぶことができる。
(2) 退職金や、ある程度の貯蓄があれば、しばらくは起業して利益が生

じなくても、最低限の生活はできる。

（3）個人事業主としていくら稼いでも、年金を減らされることはない。
（会社員の場合、一定金額以上稼ぐと年金を減らされる）

（4）自分のやりたい仕事を選ぶ過程で、自分の人生の棚卸ができる。自分の強みや弱みの分析ができるので、新しい仕事を行うための戦略も立てやすい。

このように、メリットがたくさんありますので、本書では「個人事業主としての起業」については、可能な限り説明をいたします。

1-3 60歳からの人生は長い。定年後も「お金を稼ぐ、増やす、守る」を続けていく

　そもそも、私たちは60歳を過ぎても、ずっと働き続けないといけないのでしょうか？　**1-5**で述べますが、60歳からの日本人の平均余命は男性で24年、女性で29年です。客観的に見ても、60歳からの人生は長いのです。

　年金だけでは、豊かな生活を送ることは、ほぼ不可能だと言えるでしょう。

　それゆえ、60歳からも、「お金を稼ぐ、増やす、守る」を続けていくことは、もはや当然なのです。これは第二の人生の仕事について考える上でのポイントの一つです。

　それは、必ずしも今までの人生をそのまま繰り返すという意味ではなく、60歳でギアを切り替えて、もう一度新しい人生を踏み出すために、「お金を稼ぐ、増やす、守る」を続けていくということです。

　「お金を稼ぐ、増やす、守る」の中でも、お金を稼ぐことには、積極的な行動が必要です。仕事を探したり、やりたいと思った仕事を手に入れるために、人脈を辿って他へ働きかけたり、希望する仕事に就くために必要な資格を取ったりという具合です。

　そうして、お金を稼ぐことで、お金を増やす、守ることも活性化して良い循環が生まれるのです。

　そしてもう一つのポイントは、第二の人生でお金を稼ぐことは、どうしてもやらなくてはいけないことではないということです。

　第一の人生では、子供の教育資金のためとか、住宅ローンを返済するためなど、嫌な仕事でも耐えて続ける必要があったかもしれません。

　しかし第二の人生の仕事は、そうではなく、より良い人生を過ごすためにお金を稼ぐということに考えを切り替えることが可能です。

今や65歳以上で4人に1人、70歳以上で5人に1人が働いている">**1-4　今や65歳以上で4人に1人、
70歳以上で5人に1人が働いている**

　高齢者（世界保健機関〈WHO〉の定義では65歳以上を高齢者といいます）になって働くことは決して珍しくなくなっています。

　総務省統計局の「労働力調査」によると、2021年時点の高齢者就業率（各年齢の人口に占める就業者の割合）は、65歳以上で25.1％、70歳以上で18.1％となっており、2011年の19.2％、13.1％から10年連続で増加しています。男性に限って言うと、2021年の就業率は65歳以上で34.1％、70歳以上で25.6％となっています。60歳を過ぎ、65歳を超えてもこんなに多くの人が働いているのです。

　しかも、これは高齢者の人口の絶対数が増えている中での就業率の上昇です。就業者の絶対数は2011年から2021年で571万人から909万人と約1.6倍、人数で338万人も増えています。

　2021年時点の全就業者数でみると6,713万人のうち65歳以上の就業者が13.5％を占めています。

　それでは、何のために働いているのでしょうか？

　内閣府『令和2年版　高齢社会白書』によると、60歳以上で働いている人で見ると「収入が欲しいから」は45.4％、「働くのは体に良いから、老化を防ぐから」が23.5％、「仕事そのものがおもしろいから」が、21.9％となっています。

　これを5歳刻み・男性で見ると、「収入が欲しいから」は、60〜64歳で65.1％だったのが年を取るに従い減少していき、65〜69歳で48.2％、70〜74歳で39.8％、75歳以上で29.9％となります。それに代わり、「働くのは体に良いから、老化を防ぐから」「仕事そのものがおもしろいから」が増えています。

第1章　60代は新たな人生の出発点">第1章　60代は新たな人生の出発点　　　　　025

つまり年齢が進むにつれ、生活のために働くのではなく、自分自身のために働く人が多くなっているのです。

もちろん、生活のために働かざるを得ない人がいることは事実です。
ただ、一方で、自分自身のために仕事をして、豊かな老後を過ごそうとしている人も多くいるのです。

1. 高齢になるほど個人事業主として働く人が増加する

先ほどの内閣府の資料で、収入のある仕事をしている60歳以上の人の就業形態を見てみると、「自営業主、個人事業主、フリーランス」が33.0％、正規の社員・職員・従業員が13.9％、パート・アルバイトが34.3％となっています。

特徴的なのは、男性では、「自営業主、個人事業主、フリーランス」の比率が、60〜64歳では19.3％でしかなかったのに、65〜69歳、70〜74歳、75歳以上となるにつれて、29.1％、45.8％、56.7％と増えていることです。

正規の社員の比率が高齢者になるほど減り、小なりといえども、自分の仕事を自分でマネージできる「自営業主、個人事業主、フリーランス」が増えており、年金を全額もらいながら働いていることがわかります。この事実は、ぜひ頭に入れておいてください。

60歳からの平均余命は男性24年、女性は29年、人生100年なら40年

　ところで0歳の平均余命を平均寿命といいますが、2021年（令和3年）の簡易生命表によると、平均寿命は、男性81.47歳、女性87.57歳です。

　60歳の平均余命は、男性で24.02年、女性で29.28年です。平均余命は、ある年齢の人があと何年生きるかの期待値（平均値）で、年齢ごとに定まります。単純にそれに60を足すと、60歳になった男性は平均で84.02歳、女性は89.28歳まで生きることになります。

　2021年3月の90歳以上の人口は253万人で、総人口1億2,548万人の約2％を占めています。

　平均余命は飽くまで平均値ですから、平均以上に長生きをするとしたら、特に女性は100歳に手が届くレベルにきているということができます。

　ですから60歳からの人生は平均で24〜29年、長い人では40年近いということができます。

1-5-表1　主な年齢の平均余命

単位：年

年齢	0歳	5	10	15	20	25	30	35	40
男	81.47	76.67	71.70	66.73	61.81	56.95	52.09	47.23	42.40
女	87.57	82.76	77.78	72.81	67.87	62.95	58.03	53.13	48.24

45	50	55	60	65	70	75	80	85	90
37.62	32.93	28.39	24.02	19.85	15.96	12.42	9.22	6.48	4.38
43.39	38.61	33.91	29.28	24.73	20.31	16.08	12.12	8.60	5.74

厚生労働省「令和3年簡易生命表の概況」から引用

1-6 年金だけでは豊かな老後は過ごせないから、前向きに働く

　平均寿命の伸び、定年延長など長寿化への話題がマスコミをにぎわしていますが、それとともに、「長生きのリスク」「年金だけでは豊かな老後は過ごせない」という言葉もよく耳にするようになりました。

　長生きのリスクとは、長生きをすることにより、生活費・医療費・介護費などの老後資金が枯渇してしまい、老後破綻に陥る可能性が高くなることをいいます。言い換えると、年金だけでは老後資金が不足するため、年齢とともに貯蓄を食いつぶし、老後のいつかの時点で貯蓄が不足して、老後破綻を迎えるということを意味します。

　残念なことに長寿と老後破綻は隣り合わせなのです。

　2019年金融庁の金融審議会「市場ワーキング・グループ」によるレポートでは、「老後資金は2,000万円は必要」という提案がなされたと言われています。ところが、実際、老後資金がいくら必要かは、その人の消費レベル、資産や収入、置かれた状況によって異なります。持ち家か、借家か、国民年金だけか、老齢厚生年金をもらえるのか、病気がちなのか、健康なのかなどの個人差によっても、異なってきます。

　それに加えて、高齢者の金融資産にも大きなばらつきがあります。
　金融広報中央委員会「家計の金融行動に関する世論調査2022年」によると、60歳代の2人以上の世帯の金融資産の平均値は1,819万円、中央値は700万円となっています。ただし、この結果はそのうちの20.8％を占める金融資産非保有の世帯が全体の平均値を引き下げていることによるものです。

　金融資産保有の世帯だけに限ってみると、平均値は2,317万円、中央

値は1,270万円とかなり違ってきます。しかもそのうち25.6％の世帯が金融資産額3,000万円以上となっています。

　金融資産保有の世帯に限って言えば、その平均値はいわゆる「老後資金2,000万円」をクリアしていて、ある程度のレベルの生活が可能ということになります。

　金融資産保有額で世帯を分類すると次のようになります。

(1) 2,000万円以上	29.1％
(2) 1,000万円以上2,000万円未満	14.3％
(3) 金融資産なしを含む1,000万円未満	53.7％
(4) 無回答	2.9％

　こうみてくると、(1) は、比較的豊かに暮らしていける層、(2) は、生活を切り詰めながら暮らしていく層、(3) は、経済的な課題を抱えている層ということができるでしょう。

　もちろん、老後の生活レベルを決めるのは、金融資産の保有額だけではありません。消費のレベルを調整することでもコントロールは可能です。また、金融資産2,000万円以上の世帯でも、年金の種類や支給額、老後の健康状態、今後の物価高などにより、長生きのリスクが高まる可能性もあります。

　確実に言えることは、多くの人が長生きのリスクを抱えていて、それを解消するための手段はお金を稼ぐことと増やすことしかないということです。

　この後に続く章では順番に「仕事」「年金」「節税」「投資」「保険」について説明していきます。

第1章の最後に1つ補足をしますと、この本を読んでいる方は、現在お勤めの会社での継続雇用を考えておられる方が多いでしょうが、必ずしもそれが安定している道ではありません。

　私は継続雇用で働きながらも、同時に、副業という形で個人事業主としてのご自身なりの働き方を試行錯誤してみることを、後述する様々なメリットからお勧めいたします。

　この後の章でもいくつか説明をしていますので、ぜひ参考になさってください。

第 **2** 章

本当の自分と向き合い
やりたい仕事を捜す

2-1 給与所得者として仕事を続けるか、個人事業主としての起業か？

定年後の働き方を継続雇用で「会社に残る」と決めている方もいらっしゃると思いますが、「別の仕事をしてみたい」と考えている方もおられるかもしれません。

「仕事」に関する章の始めに、ありうる今後の進路を整理してみたいと思います。

60歳から65歳の間に定年を迎えた場合、大きく分けて二つの選択肢が考えられます。

一つ目は「給与所得者として仕事を続ける」選択肢です。その中には、継続雇用制度により現在の会社に残る、または、関連会社に移籍する、他の会社に転職するなどが考えられます。雇用形態は正社員、非正規社員（契約社員、パート、アルバイト）など様々です。

待遇や仕事に満足が行くから会社に残るという場合もあれば、経済的事情でしばらくは安定した収入が必要なので会社に残らざるを得ない、今の職場環境になじめないので転職をする、事情があってフルタイムで働くのは無理なので当面パートやアルバイトで働くなど、いろいろな場合が考えられます。

二つ目は、定年を機に個人事業主として独立するという選択肢があります。

待遇に満足がいかないから独立する、または、ある程度満足できても、自分からあえて新しい道を切り開きたいから独立する、前々から独立したいと思っていたなど、様々な場合があると思います。

「給与所得者として仕事を続ける」選択肢を選んだ場合は、給与の額によって、年金をフルにもらえるか、在職老齢年金の支給停止のルールに

引っかかり、年金の一部または全部が支給停止になってしまうこともあります。

　このような方に私がお勧めしたいのは、会社を退職しなくてはならない日に備えて、在職中に個人事業主として副業を開始することです。

　継続雇用制度で給与が大きく減ってしまった方は副業収入で減った給与を補うことができますし、そうでない方でも、収入が多いのは悪いことはありません。

　これは、個人事業主として独立するための準備にもなります。

　それに、個人事業主であれば、いくら稼いでも、年金を減らされることはありません。

　私がお勧めする道を図示すると以下のようになります。

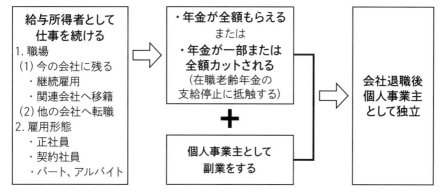

《選択肢1》

給与所得者として仕事を続ける
1. 職場
(1) 今の会社に残る
・継続雇用
・関連会社へ移籍
(2) 他の会社へ転職
2. 雇用形態
・正社員
・契約社員
・パート、アルバイト

・年金が全額もらえる
または
・年金が一部または全額カットされる
(在職老齢年金の支給停止に抵触する)

＋

個人事業主として副業をする

会社退職後個人事業主として独立

《選択肢2》

定年退職後個人事業主として独立

　選択肢1、2とも、最終的には個人事業主として独立することを目指しています。

私がなぜこのような道をお勧めするのか、その理由をこれから説明していきたいと思います。

　やってみたいけれど、自分には、個人事業主として独立して仕事ができるだろうかと思われる方もいらっしゃるかもしれません。本書では第3章で個人事業主になるための準備を説明しています。
　職種は企業コンサルタント、社会保険労務士、ファイナンシャル・プランナーなどの個人コンサルタントなどですが、まずは、会社で働いているうちに副業としてやってみることをお勧めします。資格試験などを受ける必要もありますが、自分の出来そうな分野を見定めて挑戦してみてはいかがでしょうか。会社に勤めている間なら、最低限の収入は保障されています。恐れずに挑戦して、もし、ダメであっても、また挑戦しましょう。
　60代にはまだ多くの時間が残されています。また、その経験は無駄にはならないと思います。

2-2 会社に残るなら、給与と年金の合計額を月48万円以内に収めると年金は全額もらえる。そのうえで副業も可能

「会社に残る」という選択をしたときに、覚えておいていただきたいことがあります。これは、勤務延長制度や再雇用制度で働き続ける場合でも、年金の「基本月額」と給与の「総報酬月額相当額」の合計を48万円以内*に抑えると、年金を全額もらいながら働くことができるということです。

　こういわれても、いったい何のことだと思われる方もいらっしゃるでしょう。

　会社員の方が受け取る老齢年金には、老齢基礎年金と老齢厚生年金の二種類があります。そのうち、老齢厚生年金には、厚生年金保険への加入期間と保険料を支払った期間の給与の額に応じてもらうことのできる「報酬比例部分」と加給年金、経過的加算などの受給者の状況に応じて加算される「加算部分」に分かれます。この場合の年金の「基本月額」とは、老齢基礎年金や加算部分を含まない老齢厚生年金の報酬比例部分の毎月の支給額をいいます。（年金加入者に対して送付される「ねんきん定期便」を見ればわかります。また、年金の構造については、**「4-1 自分の年金額を調べる」**で説明しているので、ご覧ください。）

　給与の「総報酬月額相当額」とは、その月の標準報酬月額とその月以前１年間の標準賞与額の総額を12で割ったものの合計です。（自分の標準報酬月額や標準賞与額がいくらかは、厚生年金保険料の支払担当の会社の人事・勤労部門に確認すればわかります）

　もし、詳細な点でよくわからないことがあれば、年金事務所に問い合わせることをお勧めします。

　これらの合計額を月48万円以内に抑えると年金が全額支給されます。

すなわち、年金を全額もらいながら会社で働くことができるということになります。

　これは60歳以降特別支給の老齢厚生年金をもらう方、65歳以降、本来の老齢厚生年金をもらう方、両方に当てはまります。

＊2023年（令和5年）3月までは47万円でしたが、2023年4月からは1万円上がって48万円になりました。

　これは、今後年金の計算をする上で重要なので、よく覚えておいてください。

　それでは、厚生年金受給額の平均値はどのくらいでしょうか？

　厚労省「令和3年（2021年）度 厚生年金保険・国民年金事業の概況」によると、厚生年金受給者平均（受給資格期間25年未満を除く、基礎または定額を含む）では、月額150,548円となっています。

　これは、厚生年金保険への加入期間が25年以上の人の厚生年金額の平均値ということです。この数字には老齢基礎年金が含まれているので、老齢基礎年金の金額をひく必要があります。

　同資料の国民年金受給者の平均年金月額・25年以上が56,479円なので、老齢基礎年金の金額をこれと同額とすると**年金の「基本月額」は、**150,548 － 56,479 ＝ **94,069円となります**。（ケースA）

　これに対し、給与レベルが平均よりよく、40年間フルに勤めた人の**年金の「基本月額」を15万円程度**（ケースB）と想定すると、**2-2-表1**に示すように、年金を全額もらうためには、給与収入は年収換算でケースAの場合で463万円、ケースBの場合で396万円以下に収める必要があります。

　この場合、年金収入と給与収入の合計は年額576万円となります。

　これに65歳以降もらえる基礎年金を加えた場合の総年収は、644万円から656万円となります。

　これであれば、ある程度の生活レベルを保つことができるといえるでしょう。

ただし、会社に、上記給与レベルより高く、現役時代の年収に近い条件で雇用された場合には、年金が支給調整され、一部、場合によっては全額支給停止されることを覚悟してください。給与をいくら以上もらうと年金が支給停止になるかについては第4章の**4-4**を参照ください。

2-2-表1 在職老齢年金　支給停止にならない給与の上限試算

単位：円

	ケースA		ケースB	
	月額	年額	月額	年額
年金月額	94,000	1,128,000	150,000	1,800,000
総報酬月額相当額	386,000	4,632,000	330,000	3,960,000
計（基礎年金除く）	480,000	5,760,000	480,000	5,760,000
基礎年金	56,479	677,748	66,250	795,000
計（基礎年金含む）	536,479	6,437,748	546,250	6,555,000

注）2023年4月からの在職老齢年金の支給停止調整額は48万円になった（2023年3月以前は47万円）

　　基礎年金ケースA：国民年金受給者の平均年金月額・25年以上が56,479円
　　　　　　　　　　厚労省「令和3年（2021年）度 厚生年金保険・国民年金事業の概況」による
　　基礎年金ケースB：2023年基礎年金満額（67歳以下の場合）

　しかしいつかは、会社人生も終わりを迎えます。その後も元気であり働きたいと思っているのなら、定年前に資格を取るなどして、継続雇用された時点から個人事業主として副業を始め、会社を退職する日に備えることもできます。

　副業の内容は自分の好きな仕事、企業コンサルタントや、社会保険労務士のような士業の資格を生かした個人向けコンサルタントなど、なんでも構いません。将来やりたい仕事を副業として始めておくことは、準備としては最高です。

　その場合、その仕事から得られる所得は事業所得になるので、いくら稼いでも年金収入は減りません。

　また、第5章で税金についても詳しく述べますが、帳簿付けさえきちんとしていれば、副業で赤字を出しても、給与所得と損益通算して、税

金の還付を受けることができます。

　年金を全額もらいながら、来るべき日のために、個人事業主としての
ノウハウを手に入れ、収入も増やすことができるのです。

　これが、再雇用・勤務延長と副業をセットにして、個人事業主として
の本格的開業の準備をするというシナリオです。

2-3 自分のキャリアを棚卸して、何ができるかを考えてみる

皆さんは会社退職後の働き方を決めていますか？

2-1 で説明したように「会社に残る」ことを選んでも、いずれ終わりは来ます。会社を辞めた後も働き続けたいと思うのであれば、個人事業主になることをお勧めします。

個人事業主として起業するといっても、何をするかが決まっている人ばかりではないと思います。

独立してみたいけれど、自分にはいったい何ができるのか、好きな仕事といっても自分が本当に好きで、かつ、お金を稼げることは何だろうかという不安を持たれている方も多いと思います。

そこで、役に立つのが、自分のキャリアの棚卸です。

「棚卸」といっても、就職や転職の際に、企業の採用担当者に対し自分がいかに企業に役に立つ人材であるかをプレゼンするために行う「材料集めの棚卸」ではありません。

私がお勧めするのは、自分自身を見つめ直すための棚卸です。

2-3-表1 の「棚卸シート　サンプル」をご覧ください。

これは第二の人生を始める際、再雇用や転職、個人事業主として独立する際に役に立ちます。

人は、いわば仮面をかぶって生きています。会社では会社の求める管理職であり、友人に対してもその友人の求める友達になろうと努めています。ライバル関係であれば、友人ではあるけれど正直に話せないこともあると思います。

決して、それらの人間関係を否定するわけではありませんが、自分自身のための棚卸シートを作るときにはそれらの制約を捨てて、自分に正直に向き合ってみる必要があります。

内容は、幼いころの家庭環境、幼稚園・小学校からの同世代との交わり、趣味や嗜好、スポーツ、好きな科目、嫌いな科目、受験、就職、会社員生活、結婚、子育て、住居の購入、会社での出世等々、幼いころから現在に至るまで、できれば年表形式でまとめます。

　その過程における親、兄弟、先生、友人、同僚、上司との関係、すなわち、自分から見た彼らへの評価（尊敬、不満）、こう対応すればよかったという反省なども正直に書き込みます。

　これまでの人生における成功のみならず、挫折、失敗も正直に見つめなおしてください。自分がその時、何を思い何をしようとしたのか、それが成功したのはどんな要因によるものだったか、今後の人生にその強みを生かせるか、それが失敗に終わったのは、何が足りなかったのか、それを今でももう一度やろうとする意欲を持っているか、どうすれば今度は成功できるのか、などを虚心坦懐にできるだけ詳しく書いていくのです。

　そのような人生の棚卸シートを作る目的は、自分の発見です。えてして、人生の挫折や失敗は自分でも忘れようとするものです。また、人と話す際にも、それらは必ずしも有利には働かないので、人生の挫折や失敗を隠そうとします。

　棚卸シートを作ることで、それをじっくり見つめなおすと、自分が何をやりたかったのか、それを達成するためには何が足りなかったのかということがわかります。いわば、自分の意欲と能力を再点検できます。

　また、学生生活から会社生活の人生において、自分が最も時間と情熱をかけて身に付けたスキルは何だったのか、それは今でも他者に引けを取らないレベルなのかについても評価しなおしてください。

　そのスキルが第二の人生で使えるかどうかを検証するのです。

　また、できれば、利害関係のない他者とお互いに棚卸シートを交換し

合うことも有益です。他者に話すことで、自分自身の仮面をとることができますし、自分が必死に隠したいと思っていたことが、他者から見れば当たり前のことであったり、逆にうらやましいことであったりという新しい発見ができたりします。そうすることで自分の価値を再発見することにつながるのです。

　再点検することで、第二の人生を、生まれ変わったように始めることができるかも知れません。また自分の本当に好きなこと、やりたいことが見えてくるのではないかと思います。

　それは、転職のテクニックとして、いかに自分が企業に役に立つ人間であるかをアピールすることとは違うものです。かぶっていた仮面を脱ぎ捨てて、本来の自分と向き合い、そのうえで、何をしたいのか、何ができそうなのかを確認する作業です。

　ここでご紹介した棚卸は、個人事業主になる準備のためだけにやるものではありません。定年で継続雇用になるなどの人生の節目に、自分の人生を見直す意味で、棚卸シートを作ることも有益です。

　自分はもともと何がしたかったのか、世の中に通用するスキルは何なのかを見直すことは、今後の生き方を考えるうえで役に立つと思います。

　また、継続雇用中に行う副業を選ぶための助けにもなります。

2-3-表1 棚卸シート　サンプル

質問	回答
①幼いころ	
親の職業は何でしたか？	
どんな家庭環境でしたか？　家族構成は？	
両親・兄弟姉妹との関係はどうでしたか？	
家庭環境に満足していましたか？　不満足でしたか？	
その理由は何ですか？	
②幼稚園・小学校・中学校から学校卒業まで	
幼稚園から学校卒業までの学歴を書いてください	
進学・受験の過程で、成功したこと、失敗したことがあったら書いてください	
どんな学生でしたか？	
成績はどうでしたか？	
部活は何をしていましたか？　満足していましたか？	
好きな科目は何ですか？	
嫌いな科目は何ですか？	
先生との関係はどうでしたか？	
友達との関係はどうでしたか？	
成功したことは？　その内容と成功した理由は？	
挫折したことは？　その内容と挫折した理由は？	
③仕事について	
今までの職歴を書いてください	
なぜその仕事を選んだのですか？	
うまくいったことは何ですか？　その理由は？	
失敗したことは何ですか？　その理由は？	
上司との関係はどうでしたか？	
同僚との関係はどうでしたか？	
自分の思った通りに出世しましたか？	

出世した場合、その理由は？	
出世しなかった場合、その理由は？	
今の仕事は好きな仕事ですか？	
その理由は何ですか？	
嫌々やっている仕事ですか？	
その理由は何ですか？	
仕事のスキルの中で、人と比較して最も自分が抜きんでていることは何ですか？	
今好きな仕事を選べるとしたら、どんな仕事がやりたいですか？	
④生活について	
なぜ、今のスタイルを選んだのですか？	
生活における目標は何で、満足していますか？ （例えば、蓄財、家の購入、子供の教育、自身または家族の幸せなど）	
現在の生活に満足していますか？　それとも不満足ですか？	
うまくいったことは何ですか？　失敗したことは何ですか？	
その理由は何ですか？	
第二の人生での幸せな生活とは、どんなものですか？	
⑤趣味・特技・スポーツ	
趣味・特技・好きなスポーツを挙げてください	
その中で一番得意なものは何ですか？	
その理由は何ですか？	
その中で一番時間と情熱をもって打ち込んでいるものは何ですか？	

2-4 好きな仕事を選んで個人事業主として起業する

1. 好きな仕事を選ぶ理由は、持続可能だから

　2-3で最終的に行きつく先は個人事業主ではないかと申し上げましたが、個人事業主として起業したからといって、その後は順風満帆とは限りません。いろいろな障害にぶつかったり、大変な努力が必要なことがあります。

　そういう場合、嫌いな仕事をお金のためにやっていると、やっぱりやめようという思いが心の中に湧いてきてしまいます。ところが好きな仕事であれば、たとえ収入がなくてもいいから続けようという気になるものです。また、仕事は継続しているうちに信用も高まり成長していくものです。

　ですから、第二の人生を成功させるためには、好きな仕事を選ぶことが必須になってきます。

　何が自分にとって好きな仕事かは、**2-3**の棚卸シートを見ながら考えてください。

　どんなことに自分が最も時間とお金をかけてきたかを見れば、自分は何が好きかがわかってきます。また、好きなことは得意なことであることも多いのです。

　好きなことに関して、必要な技量を身に付けているか、自分にはどんな能力があるかも確認してください。資格が必要な仕事であれば、資格を取ることも考えてください。

　例えば、人に教えることが好きで、学生時代も家庭教師のアルバイトをしたり、会社員時代もプレゼンテーションがうまいという評価を受けていたら、塾の先生などはいかがでしょうか？

あるいは、自力で住宅ローンを借りて家を購入したり、ワンルーム・マンションに投資をしたり、株式や投資信託で資産運用をしてきた人は、ファイナンシャル・プランナーや税理士の資格を取るのはどうでしょうか？

2. 個人事業主の厳しさは、自分で仕事を取ってこなければならないこと

　個人事業主にとって厳しいのは、自分の仕事は自分で取ってこなければ、何も始まらないということです。会社が仕事を与えてくれる会社員とは正反対の厳しさです。

　仕事を取るためには、自分の商品価値を高めるための資格の取得、継続的なお付き合いにより顧客との絆を強くする、新しい仕事がありそうなところにアンテナを張る、などの努力が必要になります。

3. 個人事業主のメリットは、仕事の時間帯のマネージが自分でできること

　オンライン・ビジネスが広がり、働く場所には柔軟性が出てきましたが、会社員の勤務時間はほぼ決まっています。それに対し、個人事業主のメリットは仕事の時間帯を選べる自由度が高いということです。

　ファイナンシャル・プランナーや士業であれば、書類作成は自分の好きな時にできます。もちろん、締切や顧客の都合には縛られますが、平日に休むことも容易で、自分の時間を自分の都合でマネージすることが自由にできるようになります。

2-5 現役時代の人脈を生かした企業コンサルタント、各種士業、FP、ブロガー、塾の先生

それでは個人事業主としての仕事は、具体的にどんなものがあるでしょうか？

1. 企業コンサルタント

まず、現役時代の人脈を生かした企業コンサルタントが挙げられます。

新規の企業に製品やサービスを売り込もうとしている中小企業は結構多いです。

彼らは新しい営業ルートを開拓するための足掛かりや、経営や営業のアドバイスを求めています。

これらの中小企業に対して、現役時代の人脈を生かして売り込み先を紹介したり、今までの経験を生かして会社の運営のアドバイスをしたりすることは可能です。

公的な制度としては、関東経済産業局マネージメントメンター制度／新現役交流会があります。現役時代の個人が仕事で得た経験を中小企業支援に生かすという制度で、信用金庫などの金融機関が顧客である中小企業をマネージメントメンターに紹介し、両者の意向が一致すれば実際のアドバイスを行うというものです。

アドバイス料についても、初回から5回まではサポートがあるので、中小企業、メンターの双方にとって入りやすいシステムになっています。その後も引き続きアドバイスを行うのであれば、個別に契約を結ぶことも可能です。

それ以外にも、いくつかの民間会社が顧問契約の斡旋をしています。

これも、民間会社が間に入って、中小企業と顧問・アドバイザーを結

びつけるものです。

②. 社会保険労務士、中小企業診断士などの各種士業または ファイナンシャル・プランナー（FP）

　各種士業やFPなどの資格を取って個人事業主として起業する方法があります。

　資格を取るための実務との相関性を考えると、社会保険労務士は、人事・勤労部門の人、中小企業診断士は人事・勤労・経理部門の人または子会社に出向して会社の経営全体を見るマネージメントの経験のある人、FPは銀行、保険会社などの金融機関勤務か、同じく人事・勤労・経理部門の人が現役時代の専門に近いといえます。しかし、問題意識さえ持っていれば、それらのバックグラウンドとは関係なく取得可能です。

士業・FPの顧客開拓

　先の３つの資格を比べると、国家資格である社会保険労務士、中小企業診断士は、年金事務所でのアドバイザーや中小企業のアドバイザーという点では有利ですが、FPの強みは守備範囲が広いことで、個人のライフプラン、年金、税金、不動産、保険、相続となんでもござれです。

　この場合、FPといえどもすべての分野に精通している人はあまりいないので、すべての分野をかなり深く勉強した上で、広い範囲の相談に対応できるということを効果的に売り込むのが、顧客を得るポイントです。

　税の専門家である税理士は、もし資格が取れれば、税務代理ができて仕事は増えますが、５科目合格に加え２年間の実務研修が要求されるので、会社に勤めながら取得するのは、ほぼ不可能に近いと思います。ですが、現役時代に税務会計を専門になさっていた方は試してみる価値はあると思います。

③. ブロガー、YouTuberなど

　これらはITコミュニケーションが好きで得意な方にお勧めです。た

だそれだけでかなりの収入を得ることは難しいので、コンサルタントの仕事のサポートツールとして、これらのITツールを使ったほうが有効だと思います。

いずれにしても、ブロガーやYouTuberは、コミュニケーションツールなので、伝えるべき専門性が前提にないといけません。そのためにはやはり専門性を磨く必要があります。

4. 塾の講師

いろいろな学習塾で、塾の講師を募集しています。実力さえあればすぐにでも取り組める分野です。昔の受験勉強の成果や、自分のお子さんに勉強を教えた経験を生かすこともできます。

中学受験、高校受験、大学受験とありますが、中学受験では複数科目を教えることはできても、高校受験、大学受験になるにつれ、英語などの単教科に絞る必要が出てくると思います。

問題は最初の時給が1,000円程度と安いことです。

それ以外にも、今までに培ってきた経験や努力を生かして自分の強みは何か、社会に通用する仕事ができないか棚卸シートを見ながら考えてください。

この節では個人事業主としての仕事としていくつかの候補を上げてきましたが、一つ注意していただきたいことがあります。

個人事業主＝事業所得者になれるかどうかは、発注元との契約によるということです。

請負契約であれば個人事業主となれますが、雇用契約だと会社員、アルバイトと同様の給与所得者となってしまい、第5章の**5-4**/**5-5**で説明する税務上のメリットが受けられなくなります。

企業コンサルタント、士業、FP、ブロガー、YouTuberなどの場合は普通請負契約となりますが、塾の講師の場合は雇用契約となることが多いので注意が肝心です。

2-6 個人事業主なら、 いくら稼いでも年金は全額もらえる

　継続雇用を選んだ場合には、先ほど述べたように、在職老齢年金の支給停止という規定により、年金の基本月額と給与の総報酬月額相当額の合計が48万円を超えると、年金の一部または全額が支給停止になります。

　詳しくは第4章の年金についての記述で解説しますが、給与所得者を続ける限り、必ずしも年金を全額もらえるとは限りません。

　これに対し、個人事業主として起業すれば、その所得は基本的に事業所得となるので、給与所得と違い、いくら稼いでも、年金が支給停止になることはありません。また、定年もありません。

　これが、個人事業主として起業する大きなメリットです。

　定年までは、給与所得者としての人生に賭けるとしても、いずれ来る退職の日の準備として、個人事業主としての起業を考えてみてもよいのではないでしょうか

2-7 小規模企業共済は高齢者のiDeCo。個人事業主になって加入すると、年1.5%の金利がもらえ、掛金は全額所得控除になる

　小規模企業共済は高齢者のためのiDeCo（個人型確定拠出年金）というべきものです。個人事業主になれば加入できます。

　iDeCoと小規模事業者共済の比較は **2-7-表2** を参照ください。

　iDeCoは節税効果が高い年金ですが、年金であるため、最長65歳までしか掛金積立ができません。ところが、小規模企業共済はiDeCoと同じ節税効果を持ちながら、加入・掛金積立には年齢制限がありません。

　高齢者のためのiDeCoといわれる所以（ゆえん）です。

　小規模企業共済は、小規模企業の経営者や役員、個人事業主などのための積立による退職金制度です。

　そのメリット、注意点、活用法を列挙してみます。

1. 掛金が全額非課税なので、**確定申告時に掛金相当分の税の還付が受けられる**。

2. 共済金を一時金で受け取れば退職所得控除、年金で受け取れば、公的年金等控除が適用されるので、**受取時の税制優遇もある**。

3. 掛金は国の中小企業政策の実行機関である**中小企業基盤整備機構（中小機構）が元本保証で運用してくれる**。利率は、廃業・死亡による請求の場合は年率1.5%、65歳以上で15年以上積み立てた掛金を引き出した場合は年1%。

4. **小規模企業共済は掛金納付月数が12ヶ月以上ならいつでも自己都合で解約（任意解約）が可能**（iDeCoは60歳まで解約できない）。

　しかし、20年以内の自己都合での解約は元本割れするので要注意。

廃業、死亡による請求なら、掛金納付月数が6ヶ月以上あれば、いつ請求しても元本割れせず運用益ももらえる。

5. 掛金積立額は月1,000円から7万円までの間で選択でき、金額変更も可能。

6. **節税をしながら、元本保証で貯蓄を増やすことができる。**

7. 60歳からの小規模企業共済の活用法は、個人事業主を廃業した時点で共済金を請求すること。そうすると、**起業後、何年目で請求しても年率1.5%の運用益がもらえて、かつ、掛金が全額所得控除になる節税効果もある。**

15年目で廃業した場合の受取額は以下の **2-7-表1** 参照。

2-7-表1 小規模企業共済　月7万円積立を15年続け、廃業した場合の受取額

1	掛金	1,260万円	100%	
2	受取額（税引前）	1,408万円	112%	年1.5%で複利運用
3	節税額	252万円	20%	所得税率10% 住民税率：10%と仮定
4	一時金受取時税額	△79万円	△6%	退職所得控除を適用
5	ネット受取額（税引後）	1,581万円	125%	2+3+4
6	ネット運用益（税引後）	321万円	25%	
7	税引後運用利率（単利）	年3.4%		

15年で1,260万円を積立てると、税引後で1,581万円受取可能。

税引後運用益は321万円で、利益率は25%、単利ベースの税引き後運用利率は年3.4%となります。

所得税率がもっと高い人は節税額がさらに増えるので、運用益もさらに大きくなります。

2-7-表2 個人事業主からみた小規模企業共済と個人型確定拠出年金 (iDeCo) の比較

	小規模企業共済	個人型確定拠出年金 (iDeCo)
対象	小規模企業の経営者や役員、個人事業主	国民年金の第1号被保険者 (個人事業主等)、第2号被保険者 (会社員、公務員等)、第3号被保険者 (会社員・公務員の配偶者等)
掛金の範囲	月額1,000円〜70,000円	第1号被保険者 (個人事業主等):月額5,000円〜68,000円
	500円単位で調整可能	1,000円単位で調整可能
掛金の増減	可能	年1回変更可能
請求事由	個人事業主:廃業・死亡・老齢給付 (積立開始から15年以上経過後)・法人成り (請求事由により利率が異なる)	60歳以降
受取条件	一括受取または分割受取あるいはそれらの併用	一時金または分割払、あるいはそれらの併用
加入年齢	制限なし	20歳から65歳* *国民年金または厚生年金に加入していることが条件
受給開始年齢	制限なし	60歳以上75歳未満
運用のリスク	中小機構が利回りを保証	契約者が自らのリスクで運用
手数料	なし	加入時や運用期間中など所定の時期に発生
掛金	所得控除の対象 (小規模企業共済等掛金控除)	
運用益	事業者が予定利率で運用	契約者が運用し、運用益は非課税
受取金 一時金	退職所得 (退職所得控除適用)	
受取金 分割払	雑所得 (公的年金等控除適用)	
資金貸付制度	納めた掛金に応じて資金の借入れが可能	なし
中途解約の可否	可 (受取事由を満たさない場合は元本割れの可能性あり)	不可

第 **3** 章

定年後に向けての
具体的な準備

3-1 定年後に行う仕事によって 必要な準備は違う

　この章では、まず定年後に、今の仕事とは別の仕事を行う場合の準備について取り上げます。

「継続雇用」を選択された方でも、副業をしたい時や、いずれ退職をするための準備として、知識として知っておいていただいて損はないと思います。

　第2章の**2-5**で退職後の仕事の候補を挙げましたが、それらのどれを選ぶかで準備の内容が若干変わってきます。

　例として、「企業コンサルタント」を選んだ場合の準備の話をしますと、まず現役のうちから、人脈を広げ、摑んでおく必要があります。今の会社が、中小企業が売り込みたいと思うような会社であるならば、自分が退職した後、仲介をしてくれそうな人、今の会社の各部門のキーパーソンを押さえておくことは大切です。

　会社の取引先で、中小企業に紹介できそうな会社とそこのキーパーソンもリストアップしておく必要があるでしょう。それらの会社、部署、キーパーソンをリストアップして表にまとめ、疎遠になっている人がいれば退職までにつながりを戻しておきます。

　また、それらの部署や会社が抱えている課題や、どんなパートナーを必要としているかも事前に調査しておくことは重要です。

「個人コンサルタント」を選んだ場合は、事前にどんな仕事がくる可能性があるかを調べておきます。

　また、社会保険労務士や中小企業診断士であれば、それぞれの協会がどんな仕事を斡旋してくれるか、報酬はいくらか、ファイナンシャル・プランナー（FP）であれば、どんな形で集客をすればよいかを調べておきます。

すでに、それらの資格を持っている方なら、会社にいるうちに副業として始めるのが何よりの事前調査になります。

　士業であれFPであれ、協会がいろいろなイベントを行っているので、そこに参加することで実績となりますし、報酬をもらえるイベントもあるはずです。

　それらのイベントに参加すると、同業者仲間で情報交換もできるので、先輩方の商売のやり方を参考にしながら、「自分がやるとしたらこうやろう」という構想を練ることができます。

　私はFPですが、日本FP協会は都道府県ごとに各支部があり、その支部にスタディーグループがあり、年に２回のイベントを開きます。そこでFP相談員や講師になって実務の予行演習をすることができます。必ずしも報酬があるとは限りませんが、そこで経験を積むことは実務にとってプラスになります。

　また、塾の講師の場合であれば、仕事は学習塾がくれるので、どんな塾が自分に合っているかを確認しておくために副業として始めてみる価値はあると思います。

　さて、以上のような働き方ではなく、定年後には今の会社とは別の会社に勤めようと考えている方の場合はどうでしょうか。形態としては、正社員、契約社員、アルバイトなど、様々なものがあります。

　一つひとつを本書の中で書くことはできませんが、まずは準備として、インターネットや書籍などで下調べをして、情報収集をしましょう。面倒くさいと思わないでください。早い段階で、できるかぎり情報を集め、その職種に合わせた準備を行うのが、60歳を過ぎてから後悔しないための鉄則です。

　あえて付け加えると、時間はまだまだあります。下調べをしたうえで、「自分がやりたい」と思える仕事ならば、準備だけで終わるのではなく、実際に飛び込んでみるのもいいのではないでしょうか。失敗したとしても、やり直せばいいのです。その経験は必ず後で役に立つでしょう。

3-2 資格取得準備をする。各種士業、ファイナンシャル・プランナー (FP) など

　士業やFPを退職後の仕事として選んだ場合、まだ資格を持っていない人は資格を取得する必要があります。勤務延長や再雇用で会社に残っている間が資格を取るチャンスではないでしょうか。

「今さら資格なんて…」と思う方も少なくないのではないでしょうか。しかし、前にも述べた通り、人生はまだまだ長いのです。それぞれの資格に関する参考書は、山のように出版されています。実際に、資格試験合格に取り組む「時間とエネルギー」を捻出できるかどうかだけは、ご自身でよく考えたうえで、挑戦してみる価値は大いにあると思います。

　それらの試験のスケジュール及び内容を 3-2-表1 にまとめました。

3-2-表1 各種資格試験概要

		社会保険労務士	中小企業診断士	AFP(注1) (2級FP技能検定)	CFP(注1)
試験スケジュール	一次試験	8月末	8月第1週	5/28、9/10、1/28	6月試験： 6/11、6/18 11月試験： 11/12、11/19
	二次試験	なし	筆記10月末 口述1月下旬	なし	なし

試験科目	一次試験	労働基準法及び労働安全衛生法 労働者災害補償保険法 雇用保険法 労務管理その他の労働に関する一般常識 社会保険に関する一般常識 健康保険法 厚生年金保険法 国民年金法	A 経済学・経済政策 B 財務・会計 C 企業経営理論 D 運営管理 　（オペレーション・マネジメント） E 経営法務 F 経営情報システム G 中小企業経営・中小企業政策	筆記試験： 金融資産 不動産運用 ライフプランニングと資金計画 リスク管理 タックスプランニング 相続・事業承継 実技試験： 資産設計提案業務	金融資産運用設計 不動産運用設計 ライフプランニング・リタイアメントプランニング リスクと保険 タックスプランニング 相続・事業承継設計
試験科目	二次試験	なし	筆記試験： 中小企業の診断及び助言に関する実務の事例 I〜IV 口述試験： 上記に関するもの	なし	なし
申込期間	一次試験	4月中旬から5月末	4月末から5月末	3/17〜4/7 7/5〜7/25 11/14〜12/5	4/5〜5/2 9/6〜10/4 AFP資格を持っていることが申し込みの条件
申込期間	二次試験	なし	8月末から9月中旬	なし	なし
試験会場		全国の試験会場（主に大学や専門学校）	全国の試験会場（主に大学や専門学校）	全国の試験会場	全国の試験会場

（注1）日付は2023年度のもの

3-3　健康保持、人脈作り、自己啓発（ビジネス書購読、語学習得等）も忘れてはいけない

　60歳といえば、そろそろ体力に衰えがくる年齢です。定年退職、資格取得などを控えて忙しいと思いますが、体は取り換えの利かない財産です。こればかりは、メンテナンスが最重要です。

　私は現在71歳ですが70歳になった時から一念発起して風呂上りに毎晩ストレッチを始めました。それ以来ほとんど休むことなく毎日続けています。

　実はその前は正座ができませんでした。原因は左ひざが痛いからだと自分では思っていました。ところがある日、左ひざだけでなく足首が固くなっていることも原因だと気が付いたのです。

　初めは自己流で風呂上りにひざを折って座ることから始めて、少しずつ正座に近い姿勢をとるようにしていきました。そして何とか正座ができるようになったのですが、今度は腰が痛くなりました。

　そんな中で出合ったのがYouTubeの「オガトレ」のストレッチです。YouTubeとはいえかなり丁寧に教えてくれるので、股関節・肩甲骨・もも裏が超硬い人向けストレッチをやっているうちに、左ひざの痛みもどこへやら、今では正座する方が楽になり、前屈で手のひらまで付くようになりました。

　現在は開脚が少しでもできるようになるカエル足体操をやっています。おかげで足も柔らかく軽くなりました。

　長々と書きましたが、自分に合った健康法を、できたら毎日継続することはとても大事だと思います。

　人脈作りですが、今までに作った人脈をメインテイン（維持）するだ

けでなく、新しい人脈を作ることも大切です。

　また、できたら若い友人を作って、彼らの活力と考え方に触れてみるのも、頭の老化防止になると思います。

　若い人と一緒に勉強するようなスクールに通うこともいいことです。

　それから最後に自己啓発について。ここでは、ビジネス書、語学習得という例を挙げます。今売れているビジネス書を読むことは時代の流れを知るうえで有益ですが、時間が許せばITやAIに関する専門書や語学も含めて、学生時代や社会人時代に十分勉強ができなかったもの、数学でも歴史でも自分の興味が向くままに新しい分野に挑戦してみるのも面白いと思います。

　時代は技術とともに変わります。現代の最も重要な技術革新はAIです。AIの仕組みを少しでも勉強して、それが社会にどんな影響を与えているか、将来どんな変化をもたらすかを考えることは、今後のビジネスを行う上でも役に立つと思います。

　さらに年を取れば老化は不可避ですが、あくなき好奇心を持つことは老化を食い止める大きな助けになるでしょう。

3-4 退職金の手取り額を最大にする。一時金か年金型か、iDeCoの受取時期でも税額が違う

1. 退職金は年金払いより一時払いにしたほうが、手取り額が大きくなる

退職金は第二の人生を踏み出すための大事な軍資金です。それだけに、いかに節税をして、手取り額を最大にするかが大きな課題です。

退職金は一時金で受け取った方が、手取り額が大きくなります。一時金型と年金型のそれぞれの特徴とメリットを比較してみましょう。

(1) 一時金には退職所得控除という非課税枠の大きい控除が適用され、勤続年数が長いほど非課税枠が大きくなります。年金型には公的年金等控除という非課税枠がありますが、退職金をもらう時期は老齢厚生年金も同時にもらうので、公的年金等控除の枠を老齢厚生年金だけで使い切ってしまう可能性があるため要注意です。
(2) 一時金でもらうと所得税と住民税しかひかれませんが、年金でもらうと税金だけでなく、国民健康保険や介護保険の対象になり、それらの社会保険料も引かれてしまうので手取りが少なくなります。

次の前提で退職金にかかる税金を計算してみます。
退職金：2,000万円、勤続年数：35年、年齢65歳

一時金の場合の税金
課税対象金額：
2,000万円－（40万円×20年＋70万円×15年）＝150万円
150万円×1/2＝75万円（課税対象金額）

所得税　75万円×5％＝3.75万円

住民税　75万円×10％＝7.5万円

税金計	11.25万円

＊一時金で受け取る場合の退職所得控除額の計算

　勤続年数20年以下：40万円×勤続年数（80万円に満たない場合は80万円）

　勤続年数20年超　：40万円×20年＋70万円×（勤続年数−20年）

上記によって求められた退職所得控除額を、一時金から差し引いた額の2分の1が課税対象

課税対象金額が75万円のときの所得税率は5％、住民税は一律10％にて計算

年金払いの場合の税金

退職金の年金払いは10年均等払い

厚生年金給付額：年200万円

課税対象額：

退職金年金払い　　　200万円

老齢厚生年金給付額　200万円

計　　　　　　　　　400万円

400万円×0.75−27.5万円＝272.5万円（課税対象金額）

＊計算式は国税庁「No.1600　公的年金等の課税関係——公的年金等の係る雑所得以外の所得金額が1,000万円以下、65歳以上以」による

所得税：272.5万円×10％−9.75万円＝17.5万円

住民税：272.5万円×10％＝27.25万円

税金計	44.75万円×10年間＝447.5万円

＊課税対象金額が272.5万円のときの所得税率は10％、所得控除額は9.75万円、住民税は一律10％にて計算

　年金型の場合は、老齢厚生年金と一緒になっているので単純には比べられませんが、一時金の場合の税額；11.25万円、年金型の場合の税額：447.5万円（退職金と公的年金を対象とした場合の税額）を比べると、社会保険料を考慮にいれなくとも、一時金が有利なのは一目瞭然です。

2. 企業型確定拠出年金またはiDeCoと退職金を両方もらう場合、最も税額を少なくする方法は？

　会社の企業年金制度に確定拠出年金がある場合、または、それと同じ仕組のiDeCo（個人型確定拠出年金）に加入している場合、**企業型確定拠出年金またはiDeCoを一時金で受け取った後、4年超あけて退職一時金をもらうと、退職所得控除が2回使えて、節税効果がさらに高まります。**

　年金には確定給付型年金と確定拠出型年金があります。

　確定給付型年金は、会社側が資金を運用して退職金を準備する制度です。

　これに対し、確定拠出型年金は会社側が掛金は出しますが、運用は従業員自身が行う制度です。iDeCoも個人型確定拠出年金という通り、個人が掛金を出し、運用も個人のリスクで行います。確定拠出型年金の一時金は60歳から75歳のまでの間に受け取ることができます。

　受取時期を選べるので、企業の退職一時金を65歳でもらうとしたら、企業型確定拠出年金またはiDeCoを60歳でもらえば、両者の間に4年超の期間があくので、退職所得控除が2回使えることになるのです。

　次の前提でどのくらいメリットがあるか試算をしてみましょう。

退職一時金：2,000万円
企業型確定拠出年金またはiDeCo：500万円
勤続年数：60歳時点で勤続30年、65歳時点で勤続35年

1. 65歳で一緒にもらう

課税対象金額：
（2,000万円＋500万円）－（40万円×20年＋70万円×15年）＝650万円
650万円×1/2*＝325万円（課税対象金額）

所得税　325万円×10％－9.75万円＝22.75万円
住民税　325万円×10％＝32.5万円

税金計　　　　　　　　　　　　　　　　　55.25万円

課税対象金額が325万円のときの所得税率は10％、所得控除額は9.75万円、住民税は一律10％にて計算

2. 60歳と65歳の2回に分けてもらう

2-1　60歳で企業型確定拠出年金またはiDeCoをもらう

課税対象金額：

500万円－（40万円×20年＋70万円×10年）＝0万円

0万円×1/2*＝0万円（課税対象金額）

税金計　　　　　　　　　0万円

控除額が受取額を超えているので、税金はゼロ

2-2　65歳で退職一時金をもらう

課税対象金額：

2,000万円－（40万円×20年＋70万円×15年）＝150万円

150万円×1/2＝75万円（課税対象金額）

所得税75万円×5％＝3.75万円

住民税75万円×10％＝7.5万円

税金計　　　　　　　11.25万円

課税対象金額が75万円のときの所得税率は5％、住民税は一律10％にて計算

65歳でまとめてもらうと、税金は55.25万円、60歳と65歳で分けてもらうと11.25万円となり、44万円の節税となります。

＊国税庁「No.1420　退職金を受け取ったとき（退職所得）──計算方法・計算式」による

3-5 65歳になる前に定年退職すると、失業手当が基本手当日額最大の150日分もらえる

雇用保険では、雇用保険の被保険者が失業・離職した場合に給付金が支給されます。定年退職の場合も給付金は支給されますが、64歳までにもらう場合と65歳になってからもらう場合では手当の種類と金額が違ってきます。

65歳未満で退職した場合は基本手当（失業手当）となりますが、65歳で退職した場合は高年齢求職者給付金となり、所定給付日数が異なるのです。

したがって、65歳退職の場合は、会社に退職日を65歳になる直前に設定してもらえば、給付金もかなり多くなります。これは、退職に当たってのテクニックとしてご紹介したいと思います。

1. 65歳未満で退職した場合、「基本手当（失業手当）」が支給される

基本手当＝基本手当日額×所定給付日数

基本手当日額：離職した日の直前の6か月分の給与の合計（賞与は除く）を180で割った金額（賃金日額）のおよそ45%から80%

所定給付日数：65歳未満定年退職者は一般離職者扱い、被保険者期間20年以上とし、給付日数は150日

雇用保険の基本手当の給付日数：一般離職者

被保険者であった期間	1年以上、10年未満	10年以上20年未満	20年以上
全年齢共通	90日	120日	150日

年収500万円（賞与除く）として賃金日額は13,888円、基本手当日額を6,249円とすると、

基本手当＝6,249円×150日＝937,350円

となります。

2. 65歳以上で退職した場合、「高年齢求職者給付金」が支給される

高年齢求職者給付金＝基本手当日額に相当する額×所定給付日数

基本手当日額：離職時年齢が29歳以下のものによって求められる
所定給付日数：被保険者期間が1年以上の場合は50日

　年収500万円（賞与除く）として賃金日額は13,888円、基本手当日額を6,835円とすると、

高年齢求職者給付金＝6,835円×50日＝341,750円

となります。

　つまり、**64歳で退職した場合と65歳で退職した場合とでは、約60万円も雇用保険からの給付金が異なるのです。**

　では、どうしたら64歳で退職できるのでしょうか？
　会社によって退職日が誕生日をベースにしているところと、3月31日などの期末にしているところがあります。
　前者の場合は、65歳の誕生日の前々日を退職日にすればよいのです。
　ここで気を付けなくてはいけないことは、**「法律上は誕生日の前日に1つ年を取る」**ということです。そのため、退職日は誕生日の前々日より以前にしないと64歳で退職することができません。
　また、もうおわかりかと思いますが、退職日をずらしてもらうことによって、自己都合退職扱いにされて、退職金が下がったりするようなことがあると本末転倒なので、会社との調整はしっかり行ってください。

3-6 健康保険の退職後2年間の任意継続か、国民健康保険にするか、メリットのある方を選ぶ

　企業を退職して個人事業主になるときには、健康保険を切り替える必要があります。大きく分けて選択肢は2つです。

1. 今の健康保険を任意継続という形で延長する（最大2年間）

　この場合、以下の点が現役時代の条件と異なることになります。

（1）保険料算出のベースとなる標準報酬月額は賞与込みの金額で、退職時のものが2年間適用されるが、通常、保険料算出の基礎となる標準報酬月額は、退職時の標準報酬月額か、全組合員の平均標準報酬月額のいずれか低い方を基準に決定される。したがって、退職時の標準報酬月額がかなり高くとも、保険料算出上は、全組合員の平均標準報酬月額が上限となる。

（2）現役時代は会社と分担していた保険料を全額負担することになる（分担率は企業によって異なる。企業の負担率は50〜60％くらい）。

（3）退職時65歳未満で介護保険の第2号被保険者の人は、介護保険についても任意継続される。65歳になった時点で、第1号被保険者となり、会社の介護保険から脱退し、住まいのある市区町村で第1号被保険者になる手続きをする必要あり。

任意継続健康保険料の計算例：

計算の前提：60歳の片働き夫婦世帯とする

健康保険組合：企業組合A

退職時の標準報酬月額：75万円、60歳の場合

任意継続標準報酬月額：47万円（全組合員の平均標準報酬月額を適用）

《算式》

一般保険料：標準報酬月額47万円×86^{*1}÷1000＝40,420円

介護保険料：標準報酬月額47万円×18^{*2}÷1000＝ 8,460円

月額保険料計　　　　　　　　　　　　　48,880円

年間保険料：　　　　　　　　　　　**586,560円**

*1　企業組合Aにおける一般保険料率
*2　企業組合Aにおける介護保険料率

　任意継続健康保険料は全額本人負担になります。

　それに対し、現役時代の保険料の企業負担率を60％とすると本人負担率は40％なので、任意継続健康保険料は現役時代の保険料の2.5倍になり、かなり大きくなります（100÷40＝2.5）。

2. 国民健康保険に加入する

前提

　国民健康保険料算出ベース：2022年度神奈川県川崎市の場合
　保険料は、前年度の賦課基準額をベースに算出される。

1年目：現役時代最後の所得
　年収：900万円（月収換算75万円）
　賦課基準額*：662万円

2年目：退職後最初の所得
　所得：293万円
　賦課基準額*：250万円

*賦課基準額とは前年（2021年）中の総所得金額等から基礎控除を差し引いた金額をいう。

　として計算すると、

1年目国民健康保険料：905,790円

2年目国民健康保険料：421,690円

計　　　　　　　 1,327,480円

1年平均保険料：　　663,740円

　退職後最初の2年間の保険料を比較すると任意継続にしたほうが安くなります。

(注) 国民健康保険料については1年目2年目とありますが、便宜的にどちらも2022年度の保険料で計算しています。

　ただし、結果は皆様が所属する健康保険組合もしくは協会けんぽ、住居のある市区町村、退職時もしくは退職後の収入によって大きく変わってきます。

　ですから、皆様の個々の場合ごとに確認して下さい。

　いずれにしても、任意継続は最大2年間で終わるので、最終的には国民健康保険に加入することになります。

　健康保険では会社が半額以上の保険料を負担してくれていましたが、国民健康保険ではそれがないので、国民健康保険料はかなり高くなります。従って、個人事業主としての収入が増えたときには、かなり高い保険料を支払う覚悟が必要です。

3-7 民間生命保険・医療保険および住宅ローンの見直しを行う、不要な保険はやめる

会社の退職を機に60歳以降の人生への計画を兼ねて、保険の見直しと住宅ローンの確認を行いましょう。

1. 生命保険の見直し

1-1 死亡保障の見直し

生命保険の死亡保障に加入する目的は、働き手に万が一のことがあった場合、遺族の生活費、住居費、子供の教育費などの必要資金を確保するためです。これは掛け捨てで、保障額が大きく、一定の期間しか保障しない定期保険でカバーします。

子供がいる場合、誕生したての頃が、必要資金が最も大きく、ライフ・ステージが進むにつれてだんだん減っていきます。

60歳になってお子さんが独り立ちしていれば、教育費は不要です。もし、お子さんがまだ大学生の場合、独り立ちするまでの費用を見積もって、その分を定期保険でカバーするか、十分な貯蓄があれば、貯蓄でカバーします。

配偶者の老後の生活費は年金をベースに、貯蓄で補うことにします。

1-2 終身保険の活用と見直し

終身保険は生涯にわたって保険が継続し、被保険者が亡くなった時点で支払われる生命保険です。通常、保険金は200万円から300万円程度にしていることが多いようです。葬儀代や自らの死後の後始末費用、例えば、家の取り壊し代などのためにあった方が便利ですが、貯蓄額が十分なら、終身保障はなくても構いません。

また、生命保険は相続の際にも役に立つので、今から相続の際のニーズが見通せる人は保険見直しの際に考えてもよいと思います。

　相続における生命保険の活用方法は次の通りです。

（1）相続税の資金対策

　　資産があっても現金が少なく相続税が支払えない場合、終身保険に加入して、死亡保険金で相続税を支払うようにする。

（2）相続時の節税対策

　　現金で相続するより、保険で相続したほうが、法定相続人1人当たり500万円の非課税枠を活用でき、節税にもつながる。

2. 医療保険の見直し

2-1　保険の加入の是非

　保険会社に勧められて無計画に入っていた場合などは、不要と思われる保険は極力解約します。

　公的医療保険の高額療養費制度をベースに、病気になったとき、どのくらいの保障が必要かを考えて、必要保障額を再検討します。

　公的医療保険の高額療養費制度は、月あたりの医療費が一定額を超えると、超過した分は健康保険や国民健康保険などの公的医療保険が支払ってくれる制度で、医療費が青天井にならない仕組みになっています。

　年収156万円〜370万円の人の自己負担額の上限は、月当たり約5.8万円、年収370万円〜770万円の人の自己負担額の上限は月当たり約8万円となっています。

　高額療養費制度と民間医療保険の活用の考え方は、第7章の**7-2**に書いたのでそれを参考にして医療保険をどうするか決めてください。

2-2　少しでも良い医療保険の選び方

　チェックポイントは以下の通りです。

(1) 保障が重複しているものはやめる。

(2) 保障の内容・金額が自分のニーズに合っているかをチェックし、合っていなければやめる。

(3) 保障期間は終身のものを選ぶ。80歳で切れてしまうような保険を選んではいけない。

(4) 年金生活になっても払えるような保険料かどうかを考える。もしくは、老後に負担をかけない払い済みタイプ(注1)を選ぶ。

> (注1) 60歳または65歳までの勤労収入があるうちに終身分の保険料の支払いを完了してしまうもの

3. 資産運用のための保険の見直し

　資産運用のための保険とは、保険料を株式・債券などいろいろな商品で運用してその成果を契約者に還元する保険をいいます。

　現在までの運用成績をチェックし、今後、続けて運用しても今まで通りの結果が残せるかを確認します。

　期待した運用成績が出ていない場合は、その原因を納得がいくまでチェックします。

　そのうえで、今後もうまくいきそうもないときは、損失を覚悟で解約することをお勧めします。

　運用成績が期待していた通りのものについても、なぜそうなるのかその原因を分析することが大事です。

　保険の運用結果が十分契約者に還元されているかもチェックする必要があります。契約者に還元されていない場合はやめることも考えます。これはかなり専門的な分野なので、信頼のおけるFPなどの専門家にチェックを頼むことをお勧めします。

4. 住宅ローンの状態をチェックして、今後の方針を決め、行動に移す

　住宅ローンの返済が終わっている場合は問題ありません。

　住宅ローンの返済が残ってる場合は、未返済額（元本・利息）、返済期間、金利、団体信用保険が付保されているかをチェックします。

　会社を退職する時点で未返済額をゼロにすることを考えてください。そこまで資力がない場合は退職金で返済することも考えます。

　住宅ローンの未返済額を退職後も残すことは極力避けるようにしましょう。

第 **4** 章

年金は
いくらもらえるか

4-1 自分の年金額を調べる

🏅 1. 年金にはどんな種類があるか？

　老後にもらえる公的年金には、20歳以上60歳未満の国民に加入義務のある「国民年金」と会社員・公務員の方が加入しなければならない「厚生年金」の2種類があります。

　4-1-表1 をご覧ください。

　職業によってもらえる年金の種類が違うことがわかると思います。

　個人事業主・フリーランスの人は第1号被保険者といい、国民年金に加入します。

　これに対し、会社員・公務員の人は、第2号被保険者といい、国民年金（基礎年金）と厚生年金の二つの年金に加入します。第2号被保険者は第1号被保険者よりも多くの保険料を支払いますが、保障も手厚くなります（第2号被保険者がもらう国民年金のことを基礎年金といいますが、国民年金も基礎年金も同じものであると了解してください）。

　第2号被保険者の配偶者である専業主婦（夫）を第3号被保険者といい、この人たちは国民年金（基礎年金）のみに加入します。

　日本の年金は2種類あるので、「2階建て構造」といわれますが、それ以外に、第1号被保険者が任意で加入できる国民年金基金、企業がその従業員に支給する企業年金、個人型確定拠出年金(iDeCo)、個人が民間保険会社に任意で加入する個人年金などがあり、公的年金を補完する役割を果たしています。

4-1-表1 公的年金の種類

2階		厚生年金	
1階		国民年金または基礎年金	

被保険者	第1号被保険者	第2号被保険者	第3号被保険者
職業	個人事業主・フリーランス	会社員・公務員	専業主婦（夫）

2. 年金は何歳からもらえるか？

年金は何歳からもらえるのでしょうか？

第1号、第2号、第3号被保険者とも65歳からもらえます。

ただし、会社員・公務員の第2号被保険者で、年齢要件を満たした人は「特別支給の老齢厚生年金」を60歳から64歳までの間の何年間か、受給することができます。

そのイメージを表にすると **4-1-表2** のようになります。

4-1-表2 老齢年金の支給年齢

	特別支給の老齢厚生年金 （年齢要件を満たした第2号被保険者）	老齢厚生年金 （第2号被保険者）
2階		
1階		国民年金または老齢基礎年金 （第1号、第2号、第3号被保険者）
受給開始年齢	60歳から64歳の間に受給開始	65歳から受給開始

特別支給の老齢厚生年金は生年月日によって何歳から受け取れるかが決まり、男性と女性で年齢要件に違いがあります。

　特別支給の老齢厚生年金は一定の年齢以上の方に支給され、男性は1961年（昭和36年）4月1日以前に生まれた人、女性は1966年（昭和41年）4月1日以前に生まれた人が受給対象者となります。

　男性と女性で受給年齢に5歳の差があるので、女性はより若い人も受給できることになります。

　受給開始年齢は以下の **4-1-表3** を参照ください。自分の生年月日の左側にある年齢が受給開始年齢です。受給開始年齢が63歳の人は63歳から64歳までの2年間「特別支給の老齢厚生年金」を受け取ることができます。

4-1-表3 生年月日と性別に応じた特別支給の老齢厚生年金受給開始年齢

特別支給の老齢厚生年金受給開始年齢	生年月日		2023/4/2現在の受給者の年齢	
	男	女	男	女
60	1949/4/2から	1954/4/2から		
	1953/4/1まで	1958/4/1まで		
61	1953/4/2から	1958/4/2から		63から65まで
	1955/4/1まで	1960/4/1まで		
62	1955/4/2から	1960/4/2から		61から63まで
	1957/4/1まで	1962/4/1まで		
63	1957/4/2から	1962/4/2から		59から61まで
	1959/4/1まで	1964/4/1まで	64	
64	1959/4/2から	1964/4/2から	62から64まで	57から59まで
	1961/4/1まで	1966/4/1まで		

(注) ☐ 2023年4月2日現在特別支給の老齢厚生年金の受給年齢を終え、老齢厚生年金を受給中の人

3. 年金の計算方法について

　皆さまの次の関心事は、自分はいったいいくら年金がもらえるのかということだと思います。

　ところで、正確な数字を出そうとすると、きわめて複雑な計算方法になります。普通の方では非常に難しいものです。そこで、ここでは、大まかな受給金額がわかるやり方を記載することにします。
　以下の通り、年金受給額の簡単な計算方法について説明します。

2-1.　国民年金（老齢基礎年金）
　次の計算式で概算受給額が求められます。

国民年金の年金額＝その年の国民年金の満額（2023年度の年金の満額は795,000円）×保険料納付月数／480月

　国民年金の満額は年度によって変わります。通算で40年＝480月分の保険料を支払えば満額受給となり、それ以外の人は支払った月数に比例して国民年金の受給額が決まります。
　国民年金（基礎年金）については、保険料を支払った月数さえわかれば、比較的簡単に自分の年金額を計算することができます。

2-2　老齢厚生年金・特別支給の老齢厚生年金
　次の計算式でおおよその概算金額が求められます。

老齢厚生年金および特別支給の老齢厚生年金の報酬比例部分＝A＋B

A. 2003年（平成15年）3月以前の加入期間
　老齢厚生年金（報酬比例部分）の金額＝平均標準報酬月額[*1]×7.125／1000×2003年（平成15年）3月までの加入期間の月数

B. 2003年（平成15年）4月以降の加入期間

　　老齢厚生年金（報酬比例部分）の金額＝平均標準報酬額^{*2}×5.481／
　　1000×2003年（平成15年）4月以降の加入期間の月数

　年金の計算は加入期間によって二つに分かれ、それらを合計することにより求められます。2003年（平成15年）3月までは平均標準報酬月額^{*1}をベースに計算します。それに対し、2003年（平成15年）4月以降は平均標準報酬額^{*2}、すなわち、標準報酬月額と標準賞与額を加えた数字をベースに計算します。特別支給の老齢厚生年金と老齢厚生年金（報酬比例部分）の金額は基本的に同じで、上記計算式で求められます。

　老齢厚生年金の計算は非常に複雑です。
　^{*1}の「平均標準報酬月額」とは、簡単に言うと1月当たりの収入ですが、過去にもらった給与を年金をもらう年までの物価上昇率などを反映した再評価率によって補正した金額をいいます。今までに30年間給与をもらっている場合は、実際にもらった年度ごとにそれぞれの再評価率をかけて、それらを合計したものを加入期間で割った数字が「平均標準報酬額」となります。
　^{*2}の「平均標準報酬額」とは標準報酬月額と標準賞与額を加えた金額を同様に補正して算出します。
　簡易計算ではそこまではできないので、現在の給与から推定した「平均標準報酬月額」または「平均標準報酬額」を入れて計算することになります。それ以外にも加給年金や経過的加算などの加算額も含まれていないので、上記計算式でわかるのは、ごくおおざっぱな推定にすぎないという点にご留意ください。

　以下の 4-1-表4 「公的年金受取月額のシミュレーション」では、被保険者期間を40年＝480月として、職業別、年収別に年金受給月額の概算を示しています。実際の年金月額のレベルだけでなく、共働き世帯と片働き世帯の差、会社員と個人事業主の差もわかっていただけると思

いXXます。

4-1-表4 公的年金受取月額のシミュレーション

被保険者期間：国民年金＝夫妻とも480月、
老齢厚生年金＝480月（ただし加入者のみ）
受給開始年齢：夫妻とも65歳
＊年収： 左側 2003年3月以前の平均標準報酬月額×12／
右側 2003年4月以降の平均標準報酬額×12

パターン1：共働き会社員（または公務員）夫婦の世帯

(単位：円／月)

	老齢基礎年金	老齢厚生年金	合計
夫‐会社員　年収300/500万円*	66,250	91,350	157,600
妻‐公務員　年収240/400万円*	66,250	73,080	139,330
合計	132,500	164,430	296,930

パターン2：片働き会社員（または公務員）夫婦の世帯　どちらか一方が専業主婦（夫）

	老齢基礎年金	老齢厚生年金	合計
夫‐会社員　年収300/500万円*	66,250	91,350	157,600
妻‐専業主婦　年収ゼロ	66,250	0	66,250
合計	132,500	91,350	223,850

パターン3：個人事業主夫婦の世帯

	国民年金	厚生年金	合計
夫‐個人事業主　年収に関係なく	66,250	0	66,250
妻‐個人事業主　年収に関係なく	66,250	0	66,250
合計	132,500	0	132,500

パターン4：会社員（または公務員）の単身者世帯

	老齢基礎年金	老齢厚生年金	合計
単身者‐会社員　年収300／500万円*	66,250	91,350	157,600
合計	66,250	91,350	157,600

(注) 2003年（平成15年）3月以前における平均標準報酬月額は各月の「標準報酬月額」の総額を保険者期間の月数で除した額で、過去の標準報酬月額を再評価率で補正したものとした。
2003年（平成15年）4月以降における平均標準報酬額は各月の「標準報酬月額」の総額と「標準賞与額の総額」の合計額を保険者期間の月数で除した額で、過去の標準報酬月額を再評価率で補正したものとした。
国民年金・厚生年金とも、加入期間は480月とした。
上記は厚生年金の報酬比例部分のみであり、加給年金、経過的加算等の加算額は含まない。

4. 自分の年金を計算してみよう

上記の要領で自分自身の年金受給額を計算することができます。

4-1 サンプル1 共働き夫婦の場合

(1) 前提

特別支給の老齢厚生年金：なし

被保険者期間：

［国民年金］夫、妻とも：480月

［老齢厚生年金］

夫：450月

妻：300月

年収（月額）*

夫：300万円（25万円）*　　　210月

　　500万円（41.7万円）*　　240月

妻：180万円（15万円）*　　　 60月

　　300万円（25万円）*　　　240月

(2) 年金額（月額）

(2-1) 国民年金（老齢基礎年金）

夫：795,000円×480/480÷12＝66,250円

妻：同上

(2-2) 老齢厚生年金（報酬比例部分）

夫：25万円×7.125/1000×210÷12＝31,172円

　　41.7万円×5.481/1000×240÷12＝45,675円

　　夫計　76,847円

妻：15万円×7.125/1000×60÷12＝5,344円

　　25万円×5.481/1000×240÷12＝27,405円

　　妻計　32,749円

* 年収（上側：2003年3月以前の平均標準報酬月額）
　　（下側：2003年3月以降の平均標準報酬額）

年金受給額

受給開始年齢：夫、妻とも65歳

単位：円

	老齢 基礎年金	老齢 厚生年金	老齢年金 月額合計	老齢年金 年額合計
夫 - 年収 300/500万円* 450月加入	66,250	76,847	143,097	1,717,163
妻 - 年収 180/300万円* 300月加入	66,250	32,749	98,999	1,187,985
合計	132,500	109,596	242,096	2,905,148

4-2　サンプル2　片働き夫婦の場合

(1) 前提

特別支給の老齢厚生年金：夫あり　64歳の間の1年間

被保険者期間：

　[国民年金] 夫妻とも：480月

　[老齢厚生年金]

　夫：420月

　妻：なし

年収 (月額)*

　夫：300万円 (25万円)*　　180月

　　　500万円 (41.7万円)*　240月

　妻：なし

(2) 年金額 (月額)

(2-1) 特別支給の老齢厚生年金

　夫：25万円×7.125/1000×180÷12＝26,719円

　　　41.7万円×5.481/1000×240÷12＝45,675円

　　　夫計　72,394円

(2-2) 国民年金 (老齢基礎年金)

　夫：795,000円×480/480÷12＝66,250円

　妻：同上

(2-3) 老齢厚生年金（報酬比例部分）

　　夫：特別支給の老齢厚生年金と同じ72,394円

年金受給額

受給開始年齢：夫64歳、妻65歳 　　　　　　　　　　　　　　　　　　　単位：円

	特別支給の老齢厚生年金月額	特別支給の老齢厚生年金年額	老齢基礎年金月額	老齢厚生年金月額	老齢年金月額合計	老齢年金年額合計
夫 - 年収 300/500万円 420月加入	72,394	868,725	66,250	72,394	138,644	1,663,725
妻 - 年収なし 専業主婦	0	0	66,250	0	66,250	795,000
合計	72,394	868,725	132,500	72,394	204,894	2,458,725

5. ねんきん定期便

「ねんきん定期便」は年金加入者に対して毎年誕生月に送られてきます。

　ねんきん定期便をうまく活用すれば、自分の年金の状況を確認したり、職業や収入が変わった場合、年金額がどう変わるかについて、年金事務所に問い合わせることも可能です。

　また**4-1-3**でご紹介した簡易計算による金額よりも、ずっと精度の高い金額を知ることができます。

　50歳以上の方の場合は、現在と同じ条件で60歳まで働いた場合の65歳以降にもらえる年金の見込み額が記載されています。

　もし、「ねんきん定期便」の内容が間違っていたり、質問事項がある場合は「ねんきん定期便」記載の照会番号で年金事務所に問い合わせをすることができます。

　厚生労働省のホームページには「公的年金シミュレーター」があり、ユーザー登録なしで自分の将来の年金額を試算することができます。

　やり方は「ねんきん定期便」の二次元コードをスキャンすると現在の自分の年金の支給見込み額などが出るので、それを修正して「65歳まで働いたら年金はどれだけ増えるか」などの計算も可能です。

4-2 年金は老後のベース収入。それを基礎に生活設計を考える

1. 平均年金月額はどのくらい？

——高齢者夫婦無職世帯の年金月額は20万円程度、ただし、現役時代の職業により大きく異なる

　会社員の給与と同様、年金は老後のベース収入です。これをもとにして、いくら稼げばよいかを決めることになります。

　2019年6月に金融庁所管の「金融審議会　市場ワーキング・グループ報告書」が出て、「老後資金は2,000万円は必要だ」として物議をかもしました。少し古くなりますが、その数字を振り返ってみたいと思います。

　このレポートの「高齢夫婦無職世帯の収入・支出」の項で提示された夫65歳以上、妻60歳以上の無職世帯の年金収入は月191,880円です。おおざっぱに言って月19万円強、年230万円程度ということになります。

4-2-図1 高齢夫婦無職世帯の家計収支（2017年）[月ベース]

（注）1　高齢夫婦無職世帯とは、夫65歳以上、妻60歳以上の夫婦のみの無職世帯である。
　　　2　図中の「社会保障給付」及び「その他」の割合（％）は、実収入に占める割合である。
　　　3　図中の「食料」から「その他の消費支出」までの割合（％）は、消費支出に占める割合である。
　　　　総務省「家計調査」（2017）を参考に作成

一方、厚生労働省「令和3年（2021年）度 厚生年金保険・国民年金事業の概況」では老後の平均年金月額は **4-2-表1** の通りです。

金融審議会のレポートの高齢夫婦無職世帯の場合は、夫：厚生年金保険、妻：国民年金となるので、(1) + (2) に相当し、月額20万円強となります。

これは、同レポートの数字：月額19万円強とほぼ一致します。

4-2-表1 年金ごとの平均年金月額

単位：円

(1) 厚生年金受給者平均（受給資格期間25年未満を除く、基礎または定額を含む）	150,548
(2) 国民年金受給者平均（受給資格期間25年以上）	56,479
(1) + (2)	207,027

厚生労働省「令和3年（2021年）度 厚生年金保険・国民年金事業の概況」による

それでは、年金の金額は現役時代の職業によって差はないのでしょうか？

4-2-表2 を見てください。

現役時代の職業によって大きな差があることがわかります。

まず、会社員と個人事業主では大きく違います。

会社員は厚生年金保険に加入するのに対し、個人事業主は国民年金にしか加入できないのがその理由です。

また、会社員世帯の中でも、共働き世帯の方が片働き世帯より年金収入が大きくなります。

金融審議会レポートの数字は、片働き世帯の老後の年金収入に近いと考えてよいでしょう。

	加入年金の種類	月あたり年金収入
(1) 共働き会社員世帯の平均年金収入	夫婦とも厚生年金保険	301,096
(2) 片働き会社員世帯の平均年金収入	夫 厚生年金保険、妻 国民年金	207,027
(3) 個人事業主世帯の平均年金収入	夫婦とも国民年金	112,958

(注) 夫婦とも65歳以降の年金収入　厚生年金、国民年金とも通算25年以上加入が前提
　　　厚生労働省「令和3年（2021年）度 厚生年金保険・国民年金事業の概況」のデータから算出

2. 老後の生活費はどのくらいかかるか？

—— 老後の月額生活費は23万円から38万円
　　年金収入や貯蓄に応じて、生活レベルを決める

　年金と並んで、もう一つの要素である老後の生活費がいくらかかるかを調べてみましょう。

　4-2-表3 に示すように、金融審議会レポートがもとにした総務省統計局による2017年の「家計調査」によると生活費月額は26.4万円です。

　また、生命保険文化センターが2022年に行った「生活保障に関する調査」では、老後の最低日常生活費が月23.2万円、ゆとりある老後生活費が37.9万円となっています。

　ゆとりある老後のために上乗せしている費用は、旅行レジャー、日常生活費の充実、趣味や教養、身内との付き合い、耐久消費財の買替えのための費用となっています。

　どれも生活を豊かにするための費用ですが、節約しようと思えば使わなくとも済むものといえます。

　老後の月額生活費は、23万円から38万円。年金収入や貯蓄に応じて、生活レベルを決めるということになります。

4-2-表3 高齢夫婦無職世帯に関するデータ　2017年

単位:円

生活費月額	263,717
生活費うち、住居費	13,656
年金月額	191,880
その他収入	17,318
不足分	54,519

2019年6月「金融審議会 市場ワーキング・グループ報告書『高齢社会における資産形成・管理』」
の「高齢夫婦無職世帯の収入・支出」の項を参考に作成

もう一つ気を付けることがあります。

4-2-表3 で示しましたが、生活費月額に占める住居費は13,656円しかありません。

自宅の住宅ローンを抱えている人または借家住まいの人は、この金額では住居費を賄いきれないことは明らかです。

すなわち、それらに当てはまる人は、生活費に住宅ローンの返済額または家賃を上乗せする必要があります。

3. 今までの分析をまとめると？

―― 共働き会社員、片働き会社員、個人事業主いずれの場合も年金だけで老後の生活費を賄うことはほぼ不可能。老後のためには貯蓄、またはさらに稼ぐことが必要

年金だけで老後の生活費を賄えるかについて、**4-2-表4** にまとめました。

現役時代の職業を共働き会社員、片働き会社員、個人事業主の3種類に分類し、生活レベルを最低日常生活費とゆとりある老後生活費に分け、それぞれのケースで65歳から95歳までの老後の生活費がどのくらい不足するかについて記載しています。

この表から導かれる結論は以下の通りです。

(1) 共働き会社員、片働き会社員、個人事業主いずれの場合も年金だけで老後の生活費を賄うことはほぼ不可能。

(2) 個人事業主は、年金額が少ないので、老後資金が数千万規模で必要になる。または、国民年金基金、iDeCoなど国民年金を補う年金が必要。

(3) どんな生活をするかで老後の出費は大きく変わるので、生活費を切り詰めることで老後の生活費をある程度コントロールできるが、ゆとりのある生活を送ろうとするとお金が必要。

(4) 住宅ローンが残っている人または借家住まいの人は、不足額にローン返済額または家賃を上乗せする必要がある。上乗せ分を月5万円とすると65歳から95歳までの30年間にさらに1800万円が必要になる。

4-2-表4 年金だけで65歳から95歳までの老後の生活費を賄えるか？（試算）

単位：万円

		生活レベル	
		最低日常生活費 月23万円	ゆとりある老後生活費 月38万円
世帯の種類	共働き会社員だった世帯 年金月額：30万円	2,520	− 2,880
	片働き会社員だった世帯 年金月額：21万円	− 720	− 6,120
	個人事業主だった世帯 年金月額：11万円	− 4,320	− 9,720

(注) 自宅の住宅ローンが残っている場合、または借家住まいの場合は生活費に住宅ローン返済額または家賃を加える必要あり。

　いずれにしても、老後のためには貯蓄またはさらに稼ぐことが必要ということになります。

4-3 夫の死後の妻の年金収入は 夫の遺族年金と妻本人の基礎年金

　前節では、片働き会社員世帯の老後の平均年金収入は、夫・厚生年金保険、妻・国民年金とした場合、月平均207,027円ということを示しました。

　夫婦とも元気で老後を過ごせればよいのですが、夫に万が一のことがあった場合、専業主婦であった妻は老後を遺族年金で過ごしていかなければなりません。その場合、妻のもらえる遺族年金はいくらになるか試算してみようと思います。

　仮に2023年3月、夫が60歳で死亡し、妻は55歳、子供は30歳と28歳とします。

　平均標準報酬額は50万円で加入月は400月とした場合の遺族年金の計算をします。

遺族厚生年金の金額

（50万円×5.481/1000×400月）×3/4＝822,150円

　夫の老齢厚生年金の3/4を妻はもらうことができます。

遺族基礎年金の金額

　子供は28歳、30歳なので、遺族基礎年金の対象にはなりません。

中高年寡婦加算

　妻が55歳なので、妻自身の老齢基礎年金がもらえるようになる65歳までは、中高年寡婦加算をもらうことができます。

　中高年寡婦加算は年596,300円（2023年ベース）で、老齢基礎年金の満額のおよそ3/4になるように設定されています。

　この場合の遺族年金の合計年額は、1,418,450円となります。

4-4 在職老齢年金の支給停止の仕組み 年収がいくらだと年金が全額支給停止になるのか？

　第2章の**2-2**では、会社に残るなら、給与と年金の合計額を月48万円以内に収めると年金を全額もらえることを説明しました。限度額内に収まればよいのですが、収まらない場合は、年金が一部停止となるか、全額停止になってしまいます。

　ここでは、再雇用や勤務延長で会社に残られる方のために、給与と年金それぞれがどのくらいになると年金が一部停止や、全額停止になってしまうかについて説明したいと思います。

　法律上の給与と年金の定義は月額ベースです。年金の「基本月額」とは、老齢基礎年金を含まない老齢厚生年金の報酬比例部分のことで、給与の「総報酬月額相当額」とは、標準報酬月額の1年分と標準賞与額の1年分の合計を12で割ったものです。

　働きながら年金をもらった場合の在職老齢年金の支給停止の仕組みは以下の通りです。

1. 基本月額と総報酬月額相当額の合計額が48万円以下のとき、
　支給停止額＝0円　全額支給

2. 基本月額と総報酬月額相当額の合計額が48万円を超えるとき、
　支給停止額＝（総報酬月額相当額＋基本月額－48万円）×1/2×12

　それを「A.年金基本月額」が9.4万円から15万円の場合に、「B.年金が

全額支給となる総報酬月額相当額」と、「C.年金が全額停止となる総報酬月額相当額」を示したのが、以下の表です。

単位：万円

A	年金　基本月額	9.4	10	11	12	13	14	15
B	年金全額支給となる総報酬月額相当額	38.6	38	37	36	35	34	33
C	年金全額停止となる総報酬月額相当額	57.4	58	59	60	61	62	63

それを年収ベースに換算すると以下の通りになります。

単位：万円

A	年金額	112.8	120	132	144	156	168	180
B	年金全額支給となる年間給与	463.2	456	444	432	420	408	396
C	年金全額停止となる年間給与	688.8	696	708	720	732	744	756

　この表を見ると、年金を年112.8万円もらっている場合、年収463.2万円以下であれば、年金は全額支給、年収688.8万円以上で年金は全額停止となり、年収463.2万円超から688.8万円未満の間は、年金は一部支給となります。

4-4-表1 で示した金額、また年金額の幅は：112.8万円から給与収入が平均より高く、40年間フルに勤めた人で年金が180万円までを想定しています。

　その範囲では年収688.8万円から756万円になると年金が全額停止になることがわかります。

　支給停止という制約はありますが、稼げるのであれば、それをセーブする必要はなく、会社員を終えた後でも、同じ金額を稼ぐにはどうすればよいかを考え、準備しておくことが肝心です。

個人事業主であれば、年収700万円を稼いでも、年金は全額もらえるのですから。

最後に、上記の表をグラフ化したイメージ図を載せておきます。

4-4-図1 在職老齢年金支給停止のイメージ図

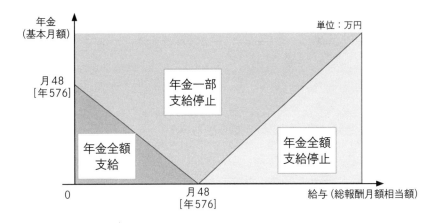

図の縦軸に、ご自身の年金月額、横軸に給与（総報酬月額相当額）を当てはめ、縦と横の線が交差する点を見ます。

4-5 どんな形で年金をもらうのが最も有利かを考える 自分の寿命は誰にもわからないから、年金は65歳からもらおう

いつから年金をもらうのがよいか？

年金の受給開始年齢は自分で選ぶことができます。規定通り65歳からもらう方法に加え、年金の繰上げ受給（最大5年で60歳から受給）、繰下げ受給（最大10年で75歳から受給）の3通りがあります。

1. 年金の繰上げ受給はあまり勧められない

規定の65歳受給開始から、最大5年繰上げ、60歳から64歳までのいずれかの時点から受給することができます。

この場合、1962年4月1日以前生まれの人は1月早めるごとに0.5％、1962年4月2日以降生まれの人は1月早めるごとに0.4％、年金が減額され、一生続きます。

1962年4月2日以降生まれの人が5年繰上げをすると年金は24％減となります。

この場合の損益分岐点を計算すると、80.8歳を超えて長生きをすると、損をすることになります。

繰上げ受給は年金を減らすことを条件に年金を早くもらうことになるので、年金がなければ生活していけないという状況以外では、繰上げ受給は勧められません。

2. 年金の繰下げ受給開始年齢から11.9年以上生きれば得

逆に、規定の65歳受給開始から、最大10年、66歳から75歳までのいずれかの時点から受給することも可能です。

この場合は、月あたり0.7％年金が増えることになり、70歳まで繰り下

げると、年金が42％、75歳まで繰下げると84％増えることになります。

　その場合の損益分岐点は何歳になるかを計算してみましょう。

　4-5-図1 に示すように、70歳まで繰下げた場合は81.9歳、75歳まで繰下げた場合は86.9歳です。それぞれの年齢まで生きればトントン、それ以上長生きすれば繰下げたほうが得になります。

　つまり、それぞれの受給開始年齢から11.9年たつとトントンになります。これは、例えば、72歳まで繰下げても11.9年で変わりません。そのように計算されているのです。

4-5-図1 年金受給繰下げ　損益分岐点の計算

70歳まで年金受給を繰下げた場合

| A | 繰下げによりもらえなくなる年金 |
| B | 繰下げにより増える年金 |

AとBの面積が等しくなる繰下げ年数を求めればよい
100×（70－65）＝（142－100）×繰下げ年数　なので
繰下げ年数＝100×（70－65）/（142－100）＝11.9年
繰下げ年数は11.9年なので、損益分岐点年齢は
70＋11.9＝81.9歳となる

75歳まで年金受給を繰下げた場合

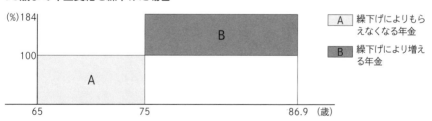

| A | 繰下げによりもらえなくなる年金 |
| B | 繰下げにより増える年金 |

AとBの面積が等しくなる繰下げ年数を求めればよい
100×（75－65）＝（184－100）×繰下げ年数　なので
繰下げ年数＝100×（75－65）/（184－100）＝11.9年
繰下げ年数は11.9年なので、損益分岐点年齢は
75＋11.9＝86.9歳となる

3. 自分の寿命は誰にもわからないから繰下げないで 65歳からもらったほうがいい

4-5-図1 のように損益分岐点の計算をすると、81.9歳はほぼ男性の平均寿命だから、男性の場合は微妙だが、女性の平均寿命は87.6歳だから、女性は70歳まで繰下げたほうがいいのではないか、75歳まで繰下げるのは男性は損、女性は微妙という話が出てきます。

しかし、だれも自分自身の寿命はわからないのです。自分は元気だと思っていても、明日死んでしまうかもしれませんし、重病で入院している人が100歳まで生きるかもしれません。

平均寿命はマクロの議論、自分の寿命は自分固有のミクロの議論です。

自分の寿命をマクロの日本人の平均寿命から推定するのは無理があります。

年金は自分が生きているうちにもらっておいた方がいいのです。

そのため私は、65歳からの受給をお勧めします。

4-6 年金繰下げをするのがいい場合はあるか？

　年金は65歳からもらうのがよいのですが、例えば、75歳以降のための生活費の原資として年金繰下げを、「長生きした場合の保険」として考えることは有効でしょうか？

　これについて考えてみましょう。

　65歳から75歳まで安定した収入があって、年金をもらわなくても生活していけるのなら、75歳まで受給開始を繰下げると通常の年金より1.84倍の年金がもらえるので、さらに豊かな老後が保証されます。

　通常の厚生年金受給額を200万円〜250万円とすると、繰下げにより75歳から368万円〜460万円の年金がもらえることになります。

　ただし、このやり方をするなら次の点に注意しなければいけません。

1. 年金受給額が増えるので税金および社会保険料も増え、手取り額は年金増加額ほど増えない。
2. 厚生年金の繰下げ期間中は、加給年金は受け取れない。専業主婦家庭なら繰下げ時点から配偶者が65歳になるまでの期間、年間39.75万円もらえるが、それがもらえなくなる。配偶者との年齢の差が10歳なら397.5万円、5歳でも198.75万円を失うことになる。
　この問題を解決するには厚生年金は繰下げず、基礎年金のみを繰下げる方法がある。そうすると加給年金は本来の形でもらうことができる。
3. 75歳から少したって亡くなった場合、受給できる年金額は極めて少額になる。65歳からもらっていれば、10年分の年金がもらえたことになる。
4. 繰下げ受給開始直前の74歳で本人が亡くなっても、65歳からもらっ

た場合と同額の年金を未支給年金として遺族がもらうことができる。ただし、未支給年金を受け取る権利には5年の時効があるので、亡くなった月以前の5年分の未支給年金しか受け取れない。65歳から亡くなる5年前までの分は受け取れないことになる。

　上記の通り、この案もいろいろ問題があります。それなら、65歳からもらって、74歳までの年金を貯金するか運用して老後に備える方法もあります。

　自分自身のもらえる年金を最大化するためには、やはり65歳からもらったほうがよさそうです。

4-7 節税効果があり、運用益も非課税の iDeCo（個人型確定拠出年金）は、65歳までなら加入可能

すでに加入している人は最後まで続ける。
60歳の人でも加入できるのなら試してみる価値あり

1. iDeCoは公的年金を補完するための個人型確定拠出年金

iDeCoは公的年金の給付額を補うために個人が入る年金です。

個人が自らのリスクでインデックス・ファンドなどの投資信託や元本保証の定期預金などで運用します。20歳から加入・積立可能で、60歳にならないと引き出すことはできません。

iDeCoは国民年金や老齢厚生年金の上、すなわち3階建ての3階の部分に企業年金とともに位置付けられています。

職業別の年間積立可能額は以下の通りで、1階部分の国民年金にしか入れない個人事業主の積立可能額が大きく、国民年金と厚生年金のある2階建ての会社員・公務員は小さめに設計されており、金額的にも公的年金を補完する役割のあることがわかります。

	年間掛金拠出限度額（積立限度額）
個人事業主など （第1号被保険者）	81.6万円
会社員・公務員 （第2号被保険者）	14.4から27.6万円 （勤務先の企業年金の制度により異なる）
専業主婦など （第3号被保険者）	27.6万円

2. iDeCoには大きな節税効果がある

iDeCoには、掛金拠出時と運用時の2つの段階で節税効果がありま

す。同種の積立型の節税商品NISAとの違いは、掛金拠出時に節税効果があることです。

掛金拠出時：掛金は全額所得控除の対象になるので、年末調整または確定申告をすると税の還付が受けられる。
運　用　時：運用益は非課税

　具体的にiDeCoの節税効果を見てみましょう。
　会社員の人が、毎月2.3万円、年間27.6万円の掛金で積立を行った場合、その人の所得税率を20％、住民税率を10％とすると、iDeCoの節税効果は次の通りです。
27.6万円（年間積立額）×（20％＋10％）（税率）＝8.28万円（節税効果）
　毎年掛金の30％の税金が節約できることになります。
　それに加え、掛金を投資信託などで運用した場合、その運用益（利益）から税金が引かれることはありません。

3. 60歳からのiDeCo利用法

　iDeCoの最も望ましい利用法は20代で会社勤務を始めたころから少しずつ積立を開始し、税金の還付を受けながら、老後資金を補完することです。
　この方法で20歳から60歳まで積立をすれば、会社員の場合で最大576万円から1,104万円、個人事業主の場合で最大3,264万円の積立ができ、運用成果も考慮すれば、元本を1.9倍（年間3％で複利運用できた場合）にすることも可能です。
　退職を意識しだした年代の方でも、すでにiDeCoに加入していれば、積立可能な年齢まで続けることをお勧めします。
　新規に加入する場合は、会社員・公務員なら、65歳まで加入できます。個人事業主の場合は60歳までなら加入可能で、60歳以降も国民年金に任意加入(注1)している場合は任意加入していてる年齢まで加入することができます。

会社員・公務員で60歳の方でも、65歳まで加入できるので、やってみる価値はあると思います。

(注1) 過去に国民年金に加入していない期間があって加入期間が40年に満たない場合、本人の申し出により、60歳から65歳までの間、国民年金に任意で加入して保険料を納めることができる制度

4-7-表1 iDeCo概要

	個人型確定拠出年金——iDeCo
加入年齢	20歳以上65歳未満 60歳を超えて加入可能なのは、60歳以降も会社員・公務員として働いている人、または60歳以降も国民年金に任意加入している自営業・フリーランス・専業主婦。海外居住者でも20歳から65歳までの間、国民年金に任意加入していればiDeCoに加入できる
資金源	本人
積立期間	加入時 (20歳以上) から65歳まで
運用期間	加入時 (20歳以上) から75歳まで
受取開始時期	60歳から75歳まで
受取方法	年金、一時金、併給 (年金と一時金の組み合わせ)
年間投資額の上限	14.4万円〜81.6万円 (職業、加入年金制度により異なる)
積立限度額	648万円〜3,672万円 (20歳〜65歳の45年間として計算)
掛金拠出時	非課税——掛金が全額 所得控除の対象
運用時	運用益非課税
受取時	課税　年金:公的年金等控除適用、一時金:退職所得控除適用
運用できる商品	定期預金・投資信託・保険型商品 ——金融機関での運用提供商品数は35本以下に限定
運用商品の変更／スイッチング	可能。配分変更・スイッチングによる。ともに回数制限なし
投資の形態	積立投資のみ
資金の引き出し	60歳まで原則不可能

4-8 20歳を過ぎて国民年金に入っていなかった人

　自営業者・専業主婦などの第1号・第3号被保険者は任意加入制度で老齢基礎年金を満額にすることができます。

　国民年金には任意加入制度というものがあります。

　国民年金は20歳から60歳まで40年間加入して、満額受給するのが理想的です。

　ところが、60歳までに、保険料を40年間分納付していないため、老齢基礎年金を満額受給できない場合があります。

　このような場合、年金の増額を希望するときは、60歳から65歳までの間なら国民年金に任意加入することができます（国民年金と基礎年金は同じものと考えてください）。

　例えば、60歳を超えた専業主婦の方（第3号被保険者であった方）が、学生時代、国民年金に未加入で、加入期間が38年しかなく、満額の老齢基礎年金を受け取れないときは、60歳になった時点で2年分の国民年金保険料を支払えば満額の基礎年金を受けることができます。

　具体的には、次のようになります。

1. 追加の国民年金保険料の支払い

　　60歳になった時点で国民年金保険料を2年分を前納する。

　　前納保険料：385,900円

　　（16,520円〈2023年度保険料〉×12月＋16,980円〈2024年度保険料〉×12月）－16,100円（口座振替の場合の割引額）＝385,900円

2. 追加で支払った保険料は何年間で元が取れるか？

　　満額の老齢基礎年金（2023年）　　　　　　795,000円

38年加入の場合の老齢基礎年金（2023年）　755,250円
　1年あたり老齢基礎年金の増加額　　　　　　39,750円
　385,900円（追加保険料）÷39,750円（1年当たり老齢基礎年金の
　増加額）＝9.7年
　老齢基礎年金を受給後9.7年たつと追加で支払った保険料が回収でき、あとはプラスになります。
　老齢基礎年金は65歳からもらえるので、74.7歳が損益分岐点になります。

第 **5** 章

節税のやり方

5-1 確定申告をすることで 税金が戻ってくる仕組みを知ろう!

1. 税金の仕組みを知る目的は?

　税金の仕組みを知る目的は何でしょうか?　それは自分の稼いだお金や増やしたお金の手取り額を少しでも多くするためです。

　税金の仕組みを知ることによって、自分の収入や投資の利益に税金がかからないようにするには、どうしたらよいかということがわかります。たとえば、一定額以上の医療費を支払った場合、確定申告をすることで、支払った税金が戻ってきます。

　お金を増やそうとするなら、利益に税金のかからないNISAやiDeCoに投資すれば、運用益がすべて自分のものになります(詳しくは第4章 **4-7**、第6章**6-7**で)。

　税金の仕組みを知ることは、自分のお金を守ることにつながるのです。

2. 個人所得税・個人住民税の計算のプロセス

　以下の式は税金の計算プロセスを示したものです。

　計算のプロセスは3つに分かれ、最終的に支払う税金の金額が求められます。それぞれの計算の仕方は次の2-1から2-3に示しています。

収入	△△△	プロセス1 所得を求める
経費	−△△△	
所得	△△△	プロセス2 課税所得を求める
所得控除	−△△△	
課税所得	△△△	プロセス3 税額を求める
所得税または住民税	−△△△	
税額控除	△△△	
納税額	△△△	

(注)収入・入金・所得はプラス表示、支出・出金・控除はマイナス表示としています。すなわち税額控除は税金が戻るのでプラス表示にしています。

2-1　収入と所得

　収入とは自分の手元に入ってくるお金のことをいいます。会社員なら給与、個人事業主なら売上が収入に当たります。

　税金の計算に当たっては、それらの収入に対して経費を引くこと（控除すること）ができます。経費とは収入を得るために発生した支出のことで、会社員なら、給与所得控除という収入に応じた経費が認められています。給与所得控除とは、個別の費用を積み上げたものではなく、収入を一定の数式で計算して求めるものです。

　個人事業主の場合の経費は個別の積み上げ方式で求められ、パソコンや机などの購入費用や仕事で客先に出張するための交通費や宿泊費などが経費となります。

　収入から経費を引いたものが所得です。所得とはその仕事を行ったことによる利益と考えてください。

5-1-表1 所得の種類と概要

種類	概要
給与所得	給料・賞与などの所得
事業所得	商業・工業・農業・漁業・自由業などの自営業から生じる所得
不動産所得	建物、土地、船舶、航空機等の貸付けなどから生じる所得
利子所得	公社債や預貯金の利子、貸付信託や公社債投信の収益の分配などから生じる所得
配当所得	法人から受ける剰余金の配当、上場株式等の配当、証券投資信託の収益の分配などから生じる所得
雑所得	年金や恩給などの公的年金など、非営業用貸金の利子、原稿料や印税、講演料などのように、他の9種類の所得のどれにも属さない所得
譲渡所得	ゴルフ会員権、金地金、土地や建物借地権、株式などを譲渡したことによる所得
一時所得	生命保険の一時金、クイズの賞金、保険・共済期間が5年以下の一定の一時払養老保険や一時払損害保険の所得
山林所得	所有期間が5年を超える山林（立木）を伐採して譲渡したことなどによる所得
退職所得	退職金、確定給付企業年金法及び確定拠出年金法による一時払の老齢給付金などの所得

所得は、その稼ぎ方によって10種類に分類されます。会社員の場合は給与所得、個人事業主の場合は事業所得となります。

　それ以外にどんな所得があるか、その種類を 5-1-表1 に示しています。労働の対価としての所得だけでなく、利子所得、配当所得や譲渡所得のように、投資や金融取引による所得もあります。

　所得に対して必ず税金がかかるかというと、そうではありません。

　所得から所得控除を引去ったものを課税所得といい、課税所得に対して所得税や住民税などの税金がかかることになります。

2-2　所得控除

　それでは、所得控除とは何でしょうか？

　所得控除とは、所得のうちでも、税金のかからない部分のことで、納税者の税金の負担を軽減させる機能があります。納税者の状況や事情によって、どの所得控除が受けられるかが決まります。控除を受けられる条件や金額は所得控除の種類によって異なります。

　税の還付（税金が戻ってくること）をできるだけ大きくして、節税を図るためには、所得控除の額をできるだけ、大きくする必要があります。

　所得控除はその性格からいって次の2種類に分かれます。

1. 物的控除——本人や家族の支払った金額またはかかった費用等、その内容に基づき控除されるもの
2. 人的控除——本人の状況または家族構成等に基づき控除されるもの

　物的控除は7種類、人的控除は8種類、全部で15種類あります。少し多いですが、今後、税の還付を受ける上で重要なので、 5-1-表2 これを見ると、どんな時にどんな所得控除を受けることができるかがわかります。

5-1-表2 所得控除の種類

	種類	控除を受けられる場合
物的控除	雑損控除	災害や盗難、横領により住宅や家財などに損害を受けた
	医療費控除またはセルフメディケーション税制	一定額以上の医療費等の支払がある
	社会保険料控除	健康保険料や国民健康保険料(税)、後期高齢者医療保険料、介護保険料、国民年金保険料などの支払がある
	小規模企業共済等掛金控除	小規模企業共済法の共済契約に係る掛金、確定拠出年金法の企業型年金加入者掛金及び個人型年金加入者掛金、心身障害者扶養共済制度に係る掛金の支払がある
	生命保険料控除	新(旧)生命保険料や介護医療保険料、新(旧)個人年金保険料の支払がある
	地震保険料控除	地震保険料や旧長期損害保険料の支払がある
	寄附金控除	国に対する寄附金やふるさと納税(都道府県・市区町村に対する寄附金)、特定の政治献金などがある
人的控除	寡婦控除	あなたが寡婦である
	ひとり親控除	あなたがひとり親である
	勤労学生控除	あなたが勤労学生である
	障害者控除	あなたや控除対象配偶者、扶養親族が障害者である
	配偶者控除	控除対象配偶者がいる
	配偶者特別控除	あなたの合計所得金額が1,000万円以下で、配偶者の合計所得金額が48万円を超え、133万円以下である
	扶養控除	控除対象扶養親族がいる
	基礎控除	合計所得2,400万円以下の人が受けられる控除

国税庁作成「所得から差し引かれる金額」(所得控除)から引用。金額は2023年6月現在のものに修正した。

　物的控除の場合はその対象となる金額によって、所得控除額が決まります。

　一定以上の医療費がかかった場合、医療費控除またはセルフメディケーション税制による控除が受けられます。

社会保険料・生命保険料・地震保険料を支払った場合は、その金額に応じて、それらに関する所得控除が受けられます。

人的控除には、寡婦の人が受けられる寡婦控除、ひとり親の人が受けられるひとり親控除、勤労学生が受けられる勤労学生控除などがあります。

結婚していて、配偶者の収入が一定金額以下の人は、配偶者控除・配偶者特別控除が受けられます。

合計所得2,400万円以下の人が受けられるものに基礎控除（所得税の場合、最大48万円）があります。

会社員の方は、年末調整などで会社がかなり面倒を見てくれますが、それでも、医療費控除などのように、確定申告をしないと、控除が受けられないものもあるので、しかるべき手続きをする必要があります。

したがって、税金の仕組みを知らないと、税の還付が受けられず、自分の手取りが減ってしまうことになります。

2-3　税金の計算

所得から所得控除を引いたものが、課税所得です。税金は課税所得にかかるので、

税金＝課税所得×税率－控除額*

という式が成り立ちます。

＊所得税の計算では控除額を差し引く必要があります。

個人の所得には、どんな税金がかかるのでしょうか？

所得税と住民税の2種類です。

所得税には超過累進税率が適用され、課税所得が大きくなるにつれ、税率も大きくなり、5％から45％まで変化します。したがって、高額所得者は、税金を多く支払っているので、税の還付を申告すれば多額の還付金を受け取ることができます。

それに対し、住民税（所得割）は、所得の大きさにかかわらず、一律10％です（控除額なし）。確定申告で所得税の還付を請求すると国から地方自治体に連絡が行って、相当分の住民税が減額されます。

自分で直接申告をしないので、税の還付の計算では往々にして忘れがちですが、住民税も還付されることを忘れてはなりません。

　それ以外にも、所得税には復興特別所得税、住民税（均等割）、調整控除などの小さな税金があります。ただ概算で計算する場合には、所得税と住民税（所得割）の２種類の税金を押さえておけば十分です。

2-4　税額控除

　所得控除以外に税額控除という控除があります。

　税額控除として一般的なものは、住宅ローン控除（住宅借入金等特別控除）です。

　これは、一定の条件を満たす住宅ローンを借入れた人は、年末の住宅ローンの返済残高の0.7％を所得税額から直接控除する（引去る）ことができます。

　所得控除には課税所得を減らす効果がありますが、所得控除の金額そのものを税額から控除するものではありません。

　それに対し、税額控除は税金から直接税額控除の金額を控除することができるので、所得控除に比べ中身が濃い控除ということができます。

3. 確定申告で税金が戻ってくる仕組み ——いくら税金が戻ってくるか？

　年収800万円のサラリーマンが、年間30万円の医療費を支払った場合の還付税額を試算してみましょう。

前提

　対象年度：2022年

　収入：800万円

　所得：610万円

　課税所得（所得税）：449万円

　課税所得（住民税）：454万円

　所得税：47万円

住民税：45.4万円

所得税率：20%

住民税率：10%

　この人が確定申告で医療費控除を申告すると、所得税：4万円、住民税2万円を節税することができます。

　計算内容は次の通りです。

2022年　医療費総額：	30万円
引去り額（医療費控除対象外）	−10万円
医療費控除額	20万円
所得税還付額	20万円×20％＝4万円
住民税減額	20万円×10％＝2万円
節税額計	**6万円**

　医療費が多くかかったということを申告するだけで税金が6万円も戻ってくるとしたら、その効果は大きいと思いませんか？

　それを知らないで、税の還付を逃しているとしたら、もったいないことです。

　医療費控除だけではなく、その他の所得控除についても同じことがいえます。

　所得税の計算は、<u>税金＝課税所得×税率−控除額</u>と申し上げましたが、所得控除の申告による税金の還付額の計算では、所得控除を申告する場合としない場合の差額を確認すれば良いので、控除額は相殺され、税率だけを考えれば良いことになります。

　すなわち、Xを所得控除申告前の課税所得金額とすると、

　　　（X−20万円）×20％（税率）−控除額(所得控除申告後の所得税額)

<u>（−）　X×20％（税率）−控除額(所得控除申告前の所得税額)</u>

　　　<u>20万円×20％（所得控除申告による所得税の還付額）</u>

となります。

5-2 医療費控除、配偶者控除、保険料控除、ふるさと納税などを十分に活用する

前節では、医療費控除を例にとって税金還付の計算例を説明しました。
ほかの所得控除では、どんなやり方で節税が可能なのでしょうか？
また、申告者の職業によって申請の仕方に違いはあるでしょうか？
それらについて説明したいと思います。

1. 税金還付の手続きは圧倒的に給与所得者の方が楽、個人事業主・年金生活者は忘れないように気を付ける

申告者の職業を給与所得者、個人事業主、年金生活者に分類した場合、所得控除の申告漏れが起きるリスクが最も小さいのは、給与所得者です。

なぜなら、給与所得者の場合、税務署への税金還付手続きのほとんどは年末調整で終了し、年末調整の手続きは会社が代行してくれるからです。扶養控除等（異動）申告書や保険料控除申告書など、手続きに必要な書類は会社から提出するように指示されます。提出が遅れれば会社から督促がくるので、申告漏れになるリスクも小さいのです。また、年末調整で申告漏れがあっても、確定申告で所得控除の申告を行うことも可能です。ただし、給与所得者でも、雑損控除、医療費控除、寄付金控除（含むふるさと納税）については、会社は代行してくれず、自分で確定申告する必要があるので、その点は注意してください。

これに対し、個人事業主は基本的にすべての手続きを自分で行う必要があり、年金生活者は配偶者控除などの人的控除は日本年金機構から問い合わせがあるものの、生命保険料控除などの物的控除は、自ら確定申告で行う必要があります。

そのため、会社を退職して、個人事業主や年金生活者になった方はす

べて自分で管理する必要があるので注意してください。

2. 所得控除はどんな場合に申告可能で、節税額はいくらになるか？

いずれの所得控除を申請するにしても、還付金額は、所得税率の高い高額所得者ほど高くなります。

主な所得控除についてそれらの節税額と、どんな場合に申告可能かについてみてみましょう。

2-1 配偶者控除・配偶者特別控除は扶養者および配偶者の収入によって、受けられるかが決まる

扶養者・配偶者とも給与所得者とした場合、扶養者の年収が1,195万円以下で、その配偶者の年収が201万円以下であれば、配偶者控除または配偶者特別控除を受けることができます。

例えば、前節の「前提」と同じで、扶養者の年収が1,095万円以下、配偶者の年収が150万円以下の場合、配偶者特別控除として38万円が認められ、その場合の節税額は11.4万円となります（この項末の*参照）。

配偶者の年収が150万円を超えると、配偶者特別控除の38万円が徐々に減少し、201万円を超えるとゼロになってしまうので、配偶者の年収を抑えて、控除をもらったほうが得かどうかという判断をしなければならなくなります。

2-2 保険料控除は支払い額とそのうち何％が控除されるかがポイント

物的控除のうち、社会保険料控除、生命保険料控除、地震保険料控除は、保険料に関する控除です。

保険料控除はその年度に支払った保険料の金額に応じて、所得控除の対象金額が決まり、その対象金額に税率をかけたものが節税額になります。

厚生年金保険料、健康保険料などの社会保険料は保険料全額が所得控除の対象となるので、社会保険料を年75万円とすると所得控除の額も75万円、節税額は22万5,000円となります（この項末の*参照）。

これに対し、生命保険料控除や地震保険料控除は全額が控除の対象にはなりません。生命保険料年16万円、地震保険料年5.5万円で計算すると、所得税控除額は、生命保険料控除8万円（住民税控除額は5.6万円）、地震保険料控除5万円（住民税控除額は2.5万円）で、節税額は、生命保険2.16万円、地震保険1.25万円となります（この項末の＊参照）。

　これらは社会保険料控除に比べればそれほど大きな金額ではありません。社会保険料の支払額が大きく、全額所得控除の対象となるのに対し、生命保険料や地震保険料は支払額がそれほど大きくなく、全額所得控除の対象とはならないからです。

　ここで言えることは、社会保険は、その保障条件だけでなく、社会保険料控除による節税額も加味すれば、そのメリットはかなり大きくなるということです。

3. ふるさと納税は納税者の家族構成と年収で寄付できる金額が決まる

　ふるさと納税は、所得控除の分類では、寄付金控除に当たります。

　給与所得者でも、ふるさと納税は年末調整では申告はできず、確定申告かその代替手段であるワンストップ特例制度を使って申告する必要があります。

　節税の仕組みは複雑なので、説明は省略しますが、自ら選んだ市区町村に寄付をすると、実質2,000円の自己負担で、寄付をした市区町村から、肉、ウナギ、酒、電化製品などの返礼品を受け取ることができます。

　返礼品の金額の上限は寄付金額の30％とされています。

　納税者からすると、好きな市区町村を支援して、かつ、返礼品をもらえるという、うれしい制度になっています。

　納税者の年収に応じて実質2,000円負担で寄付できる金額（＝年間控除上限額）は次の通りです。

　高額所得者には使い勝手のよい制度となっており、嗜好品をもらうだけでなく、米、野菜などをもらい日々の生活に充てたり、電気掃除機な

どの電化製品をもらうことも可能です。

給与所得者年収とふるさと納税年間控除上限額
家族構成：片働き、子供2人（大学生、高校生）

給与所得者年収	ふるさと納税年間控除上限額
1,500万円	36.1万円
1,000万円	14.4万円
800万円	8.5万円
600万円	4.3万円
400万円	1.2万円

*「**5-1** ③ 確定申告で税金が戻ってくる仕組み」における「前提」と同様の場合、それぞれの所得控除金額に対し、所得税20％、住民税10％が節税になります。

節税額算出の計算式は次の通りです。

配 偶 者 控 除：38万円×（20％ +10％）＝11.4万円

社会保険料控除：75万円×（20％ +10％）＝22.5万円

生命保険料控除：
保険料：16万円、所得控除額：8万円（所得税）、5.6万円（住民税）
所得税還付額：8万円×20％＝1.6万円
住 民 税 減 額：5.6万円×10％＝0.56万円
計　　　　　　　　　　　　　　**2.16万円**

地震保険料控除：
保険料：5.5万円、所得控除額：5万円（所得税）、2.5万円（住民税）
所得税還付額：5万円×20％＝1万円
住 民 税 減 額：2.5万円×10％＝0.25万円
計　　　　　　　　　　　　　　**1.25万円**

5-3 個人の収入にかかる税金には所得税と住民税の２種類がある

税の還付、すなわち、節税を考えるにあたって、所得税と住民税はどちらも忘れてはならない主役です。節税が効果的にできるようになるためには、所得税と住民税の違いを理解する必要があります。

1. 個人所得税と個人住民税の違いとその特徴

個人所得税

個人の所得に課税される税金で、国に納付します。給与所得、事業所得、不動産所得、譲渡所得などが該当し、年間の所得が一定額以上の場合に課税されます。収入があった時に支払う即時払いの税金です。給与所得者の所得税は源泉徴収され、年末調整や確定申告によって調整され、最終的に確定します。年金所得者兼個人事業主の場合は、源泉徴収されることが多いですが、確定申告で最終的に確定し、納付することになります。

所得税は超過累進課税方式といって課税所得金額が大きくなるにつれて、所得税率も大きくなるので、高額所得者ほど多額の所得税を納めることになります。

個人住民税

個人が住んでいる都道府県及び市区町村に納付する税金です。前年の所得を基に住民税額が計算され、納付するので、所得税と比べ約１年半遅れて支払うことになります。所得税のように年末調整や確定申告に基づく差額の調整はありませんが、住民税の金額にはすでに所得税で還付申告した内容が反映されています。

住民税で大きな比重を占める所得割は所得金額にかかわらず、課税所得金額の10％が一律に課税されます。もう一つの税金である均等割は、

定額課税で通常5,000円です。

　住民税の所得控除額は所得税の所得控除額とちがうので注意が必要です。

　たとえば基礎控除は所得税の場合、最大48万円に対し、住民税では最大43万円です。

②. 節税を考えるにあたって住民税は見落としやすいので要注意

　個人の方々の節税は、年末調整・確定申告による所得税の還付と住民税の減額というプロセスを通じて行われます。

　所得税は年末調整や確定申告により、所得控除を申告し、課税所得金額を減らすことにより、税金が減り還付されます。

　ここまでのプロセスはわかりやすいのですが、問題は住民税です。

　住民税は、所得税が確定した後、国から地方自治体へ納税者の申告内容に関する情報が行き、その情報に基づき、地方自治体が住民税の金額を計算します。

　住民税は、納税者に関する最終情報に基づいて計算されるので、所得税のように調整や還付のプロセスがありません。

　しかし、納税者が申告した所得控除は住民税に反映されているのです。

　所得控除を申告しなければ、もっと多くの住民税を払わなければなりませんので注意してください。

　先にも述べましたが、所得税は超過累進課税方式で、所得によって5〜45％もの違いがあります。

　それに対し住民税（所得割）は、所得によらず、一律10％です。

　これにより、申請者の所得によって、同じ額の所得控除を申告しても、還付税額がかなり違ってきます。

　所得の低い人　課税所得195万円未満の場合
所得税率：5％

住民税率：10%

　となり、それに応じた税金を支払っています。その場合、確定申告で、医療費控除を申告するとどうなるのでしょうか？

　医療費控除額に対して、上記と同様の税率が適用され、税金が還付されることになります。

　この場合、以下の式にみられるように、節税における比重は、所得税より住民税の方が大きくなります。仮に、医療費控除額20万円を申告すると、

所得税還付額　　20万円×5％＝1万円
住民税減額　　　20万円×10％＝2万円
節税額計　　　　　　　　　**3万円**

　これに対し、

　所得の高い人　　課税所得　　900万円以上1,800万円未満の場合

所得税率：33％

住民税率：10%

　が適用され、すでに税金は支払っていますが、これに上記同様、医療費控除を申告すると上記とは逆に節税における比重は、住民税より所得税の方が大きくなります。この人が医療費控除額20万円を申告すると、

所得税還付額　　20万円×33％＝6.6万円
住民税減額　　　20万円×10％＝2万円
節税額計　　　　　　　　　**8.6万円**

　同じ20万円という所得控除額を申告しても、申告者の所得の違いにより、3万円と8.6万円という大きな差が出てしまうのです。

　ここで説明を読んだだけでは、ぴんと来ないかもしれません。自分で確定申告をして、税金が戻ってくるのを体験したら、メリット感も違っ

てくると思います。会社員の方は、会社が年末調整までやってくれているので、医療費の領収証を集めて集計し、確定申告書のフォームに従って数字を記入するだけです。まずは、作業が簡単に済む会社員のうちにやっておかれることをお勧めします。

5-4 個人事業主の収入は事業所得になるので税制上のメリットが受けられる

　この本では、個人事業主になるメリットをお伝えしてきましたが、その大きなポイントの一つが「税金」です。年金受給者が個人事業主として起業すれば、事業所得を得ることにより、収入が増加し個人の生活を支えることができます。また青色申告をすることで様々な税制上のメリットを受けることができるようになります。

1. 個人事業開業から確定申告までの手続きの流れ

　まず、税制上のメリットを得るための手続きの流れについて説明します。

(1) 個人事業の開業届の提出

提 出 先：納税地の税務署

提出期限：開業から1か月以内

記入事項：開業日、事業の種類、納税地と事業所の住所、屋号、届出者
　　　　　の氏名、青色申告の年月日など

　開業届は税制上のメリットを受けるための第一歩です。

　屋号は会社の名称のようなもので、名刺やホームページにも記載して相手先に覚えてもらうようにしましょう。○○コンサルティングなどお客様に覚えてもらいやすい名前を付けるのがよいでしょう。

(2) 所得税の青色申告承認申請書の提出

提 出 先：納税地の税務署

提出期限：青色申告による申告をしようとする年の3月15日まで

記入事項：納税地、氏名、職業、屋号、青色申告を開始する年度、簿記
　　　　　方式（複式簿記、簡易簿記、または現金主義による記帳を選

択）、備付帳簿名（総勘定元帳、仕訳帳、現金出納帳など対
象の帳簿を選択）

これは、青色申告を行うために必要な手続きで、税務メリットを最大
にするには、複式簿記で記帳する必要があります。

(3) 個人事業主としての確定申告書の提出

提 出 先：納税地の税務署

提出期限：申告対象年の翌年の 2 月 16 日から 3 月 15 日まで

実際の税制上のメリットを受けるためには、個人事業主として確定申
告をする必要があります。年金受給者や給与所得者の場合は、年金所得
や給与所得も一緒に申告する必要があります。

2. 事業所得と認定され、青色申告のメリットを受けるには、まず、現金主義の帳簿を付けることから始めよう

ある程度、簿記の知識がある方を除くと、複式簿記をマスターして青
色申告を行うというのは少し抵抗があるのかもしれません。

そのような方には、まず、現金主義の帳簿を付けて青色申告をするこ
とをお勧めします。

例えば、会社員の副業として始めようとする方にはこの方法がいいと
思います。現金主義の帳簿で申告するには、申告する年の前々年の不動
産所得と事業所得の合計額が300万円以下であること、および、「現金
主義による所得計画の特例を受けることの届出書」を、適用を受けたい
年の 3 月 15 日までに提出する必要があります。

これから始めようとする方には、所得金額の制限は関係ありません
が、事業が伸びて、前年の所得が300万円を超えた場合は、その年から
準備を行い、その翌年には複式簿記で申告する必要があるので、それを
念頭に入れて始めてください。

まず、現金主義による記帳とは何かを説明しましょう。

売上、仕入、経費の計上とも、現金を入金または支出した時点で行う

ものです。

5-4-表1 に示すように、入金、出金の日付に合わせて、売上、仕入、経費に相当するものや、預金の引出、預入などを記帳し、青色申告決算書（損益計算書のみ）を作成するため、家計簿の感覚で記帳でき、簿記の知識のない方にも作成しやすいと思います。

この方式でも、事業所得として認められ、10万円の青色申告特別控除を受けることができます。損益通算などの青色申告のメリットを受けることも可能です。

申告の方法と必要書類、税務メリットは **5-5-表1** を参照ください。

5-4-表1 現金出納帳　サンプル

日付	摘要	入金		出金		残高
		現金売上	その他	現金仕入	その他	
1月 1日	前年より繰越					56,800
1月15日	雑収入		5,000			61,800
1月18日	現金売上	78,200				140,000
1月20日	売掛金入金		60,000			200,000
1月23日	現金引出				50,000	150,000
1月31日	現金仕入			30,000		120,000
1月31日	事業主貸				100,000	20,000

3. 慣れてきた段階で複式簿記に切り替えれば、青色申告のメリットをフルに受けることができる

まず、現金主義で申告するにしても、将来の事業の伸長を目指し、税務メリットをフルに受けようとするのであれば、複式簿記によって記帳し、青色申告決算書（貸借対照表・損益計算書）を確定申告書に添付して提出する必要があります。

複式簿記で記帳をすれば、青色申告の大きなメリットである青色申告特別控除が電子申告の場合、65万円（それ以外の申告の場合、55万円）まで受けられます。

企業コンサルタントやFPなどの個人コンサルタントを目指すのであれば、仕入原価に属する費用はなく、原価のほとんどが経費なので、税務ソフトを使えば、青色申告決算書の作成もそれほど難しくはありません。複式簿記による記帳をお勧めします。

　青色申告特別控除とは、その年の課税所得から引去ることができる控除で、青色申告をする個人事業主に認められる特典です。

　年間のすべての取引に関し、複式簿記で記帳を行うには、ある程度の会計と簿記に関する理解が必要で、そのためには簿記3級程度の知識が求められます。今後、個人事業主として業務を行うためには、税務の知識は必須なので、勉強されることをお勧めします。

　複式簿記を簡単に説明すると以下の通りです。

　個々の取引を2つの側面へと分析して対照させ、二重記録を行なう記帳の方法で、会計帳簿の記録方法として、最も広く普及しているものです。

　たとえば3万円で商品を販売したとき、一方で売上高という収益が実現し、他方で現金という資産が増えることになります。その変化を3万円という同じ金額で、「仕訳」という方法で二面的に記帳します。

　この場合の「仕訳」は次の通りです。

（借方）　現金　3万円　　（貸方）　売上高　3万円

　青色申告には、簡易簿記で記帳する方法もあり、税務署への提出書類も損益計算書だけで済みますが、先ほど述べた現金主義と同様に、青色申告特別控除が10万円しか受けられません。

　白色申告の場合は、記帳の仕方は原則自由、添付書類は収支内訳書のみ（貸借対照表・損益計算書とも不要）ですが、青色申告特別控除に相当する控除は受けられません。

4. なぜ、記帳が大事なのか？

　ここでは、帳簿付けについていろいろ説明をしてきました。その理由は、

税制上のメリットを受けるためには、帳簿付けが必要となるからです。

　帳簿付けがきちんとしていれば、事業所得と認定され、この後で説明する年金所得や給与所得との損益通算および青色申告による税務上のメリットを受けることができます。

　以下のような流れになります。

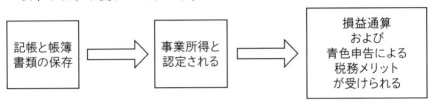

　2022年8月に国税庁は「所得税基本通達の制度について」（法令解釈通達）の一部改正（案）を出し、事業所得と雑所得に関する判定基準へのパブリック・コメントを求めました。

　その判定基準とは、事業に関する所得が年間300万円を超えた場合は事業所得、それ以下の場合は特段の理由のない限り損益通算のできない雑所得とするというものでした。その意図は、会社員の副業が増え、事業所得の赤字を給与所得黒字と相殺し、税金の還付を求める動きが増えてきたため、それを封じ込めようとするものでした。

　ところが、その案は猛烈な反対にあい、2022年10月、国税庁は改正通達を出し、「記帳と帳簿書類の保存」を行った場合は、所得の大きさにかかわらず、原則事業所得として認めるということになりました。もちろん、事業所得に関する定性的な基準：独立性・営利性・継続性・社会性などは残っていますが、決め手は「記帳と帳簿書類の保存」となったのです。

5-5 青色申告をすると、年金所得との損益通算、青色申告特別控除、各種経費の計上が可能になる

1. 年金所得や給与所得との損益通算が可能になる

　年金をもらいながら、個人事業主として起業した場合、設立直後は準備費用がかかったり、売上が思うように伸びず、事業所得が赤字になることも多いものです。そのような場合、青色申告にすれば、事業所得の赤字を年金所得の黒字と相殺することが可能です。

　税金の計算上、事業所得の赤字を年金所得から差し引くことができるので、事業所得の赤字額相当分の税金が戻ってきます。

　会社員の副業として起業した場合は、事業所得で赤字が出れば、給与所得の黒字と相殺され、税金が還付されることになります。

　以下は、損益通算の内容を表にまとめたものです。会社退職直後、事業所得と年金所得がある場合を想定しています。本来であれば、年金所得130万円に対する税金を払わなければなりませんが、事業所得があって、それが赤字（所得がマイナス）であるため、事業所得の赤字30万円を年金所得から差し引くことができ、税金が戻ってくることになります。

　これが、事業所得による損益通算のメリットです。

　会社員で副業をされる方は年金所得を給与所得に置き換えてください。

	事業	年金	事業・年金計
収入	50万円	240万円	290万円
所得	△30万円	130万円	100万円

2. 青色申告の税務上のメリット

(1) 青色申告特別控除が55万円または65万円認められる

複式簿記で青色申告をすると、税金の計算上、青色申告特別控除を事業所得から引去ることができ、その分税金を減らすことが可能です（電子申告の場合は65万円、通常の紙による提出の場合は55万円）。

(2) 青色事業専従者給与（家族への給与）を経費にすることができる

白色申告の場合は、配偶者へは年間86万円、それ以外へは年間50万円という上限がありますが、青色申告の場合、妥当な金額であれば給与の上限規定はありません。配偶者に仕事を手伝わせた場合、妥当な報酬を支払うことが可能で、それが経費になるので節税にもなります。

(3) 純損失の繰越しと繰戻しができる

青色申告で、他の所得と損益通算しても足りない純損失がある場合には、次年度以降3年間にわたって各年分の所得金額から純損失金額を控除することができます。また、前年度の利益と今年度の損失を相殺する繰戻しもできます。

(4) 少額減価償却資産の特例が活用できる

青色申告の場合には、30万円未満の少額資産は減価償却をすることなしに一括経費計上することか可能です（年間300万円までが限度）。これに対し、白色申告の場合は10万円未満の資産しか一括経費計上できません。

この規定は、パソコンを購入するときに便利です。パソコンは通常20万円くらいするので、購入した年度に一括計上すれば単年度でまとめて節税ができ、仕訳の手間も減ります。

(5) 貸倒引当金の計上が可能

青色申告の場合、一括貸倒引当金を計上できますが、白色申告の場合はできません。

貸倒引当金とは、売掛金や貸付金などの債権が回収できない可能性に備えて計上されるもので、経費とみなされます。

5-5-表1 青色申告複式簿記のメリット

対象となる所得	事業所得、不動産所得、山林所得			事業所得、不動産所得、山林所得、収入が300万円を超える雑所得
種類	青色申告複式簿記による記帳	青色申告簡易簿記による記帳	青色申告現金主義による記帳 *3	白色申告
1. 給与所得等との損益通算	可	可		可 (雑所得の場合は不可)
2. 青色申告の税務メリット (1) 青色申告特別控除	あり 65万円または55万円	あり 10万円		なし
(2) 専従者給与と専従者控除	あり *1	あり *1		あり *2
(3) 純損失の繰越しと繰戻し	可	可		不可
(4) 少額減価償却資産の特例	可	可		不可 (10万円未満は可)
(5) 貸倒引当金の計上	可	可		不可
3. 経費計上	可	可		可

*1 妥当な金額であれば、専従者給与の金額及び専従者控除額とも上限がない
*2 配偶者86万円、それ以外50万円という専従者控除額の上限あり
*3 現金主義の特例の適用を受ける年の前々年の不動産所得と事業所得の合計額が300万円以下であることが条件
「現金主義による所得計算の特例を受けることの届出書」を、適用を受けたい年の3月15日までに提出する必要あり

3. 個人事業主としての仕事に関する様々な費用が経費として計上できる

　会社員の経費としては、給与所得控除が収入に応じた比率で認められますが、個人事業主の場合は、経費は個別に積み上げることができます。

　以下は、士業やファイナンシャル・プランナーなどのコンサルタント系の個人事業主を想定した場合、どんな経費が計上できるかの例を挙げたものです。

(1) 通信費

　インターネット、スマホなどの通信費は、仕事専用なら全額、私的利用と兼用なら、適切な比率で計上可能

(2) 消耗品費

　業務に使うパソコン、プリンター、コピー用紙、ボールペンなどの購入費、仕事のために使うスーツ、ネクタイ、靴の購入費

(3) 新聞図書費

　業務のための新聞購読料、参考図書購入費用（メルマガも含む）

(4) 旅費交通費

　打合せ、出張のための交通費・宿泊費

(5) 研修費

　業務上必要なスキルを身につけるための費用は研修費として計上可能

(6) 会議費・接待交際費

　顧客・パートナーとの面談・打ち合わせのための会議費用、顧客の接待費用

(7) 雑費

　スーツなどのクリーニング費用

　会社員時代と比べると、経費管理の手間はかかりますが、あたかも会社員時代に自分の所轄する事務所の経費を管理していたごとく、個人事業主としての事業の目的や方向性に応じて、積極的に出張したり、ノウハウを蓄えたりということが自分の判断でできるという醍醐味が味わえます。

5-6 自宅の一部を事務所にすると、減価償却費、電気代、火災保険料などが案分で経費計上ができる。起業直後に事務所を賃借するのはダメ！

　会社員をやめて、これから個人事業主として起業しようとしている方が私のところに相談に見えます。その際、よく質問されるのが「駅近のビルの一室に事務所を借りようと思うのですが、どうでしょうか？　そのくらいの家賃なら、売上でカバーできると思うのですが」ということです。

　これに対し、私は「事業を成功させるコツは、余分な固定費をかけないことです。自宅にスペースがあるのなら、自宅を事務所にすることを考えてください。

　お客様が来られて相談をする時には、近くの喫茶店やレンタルルームを使えばよいのです」と答えています。

　大体の方は、それでいいのかなという顔をされるのですが、この点は事業を始めるにあたって認識しておくべき重要なポイントです。

　自宅を事務所にすることは、次の点で経済的なメリットがあり、始めたばかりの事業を助けてくれます。

1. 自宅にあるパソコンや机をそのまま使えるので、新たな備品を購入する費用を節約できる。
2. 自宅の一部を事務所として使うことにより、次の費用が経費として計上できる。

(1) 事務所部分の減価償却費または賃料
　持家の場合は事務所部分の減価償却費*、借家の場合は賃料を床面積

比などで求めて経費として計上できます。

　持家の場合、以下の条件ならば、1年当たり25.5万円を事務所の減価償却費として経費計上することができます。

＊減価償却費とは固定資産の購入額を耐用年数に合わせて分割し、年数ごとに経費として計上する方法。法定耐用年数は木造家屋で22年、鉄筋コンクリート造りで47年なので、かなり古い家屋でも減価償却費を計上できる。

　築15年目の木造一戸建ての25％（床面積比）を事務所として使用した場合の事務所の減価償却費の計算の仕方は次のようになります。

　家屋部分購入価格×1/耐用年数×事務所の床面積比占有率×旧定額法係数＝1年当たり減価償却費の式により、2,500万円で購入した家屋の場合は、

2,500万円×1/22×25％×0.9＝25.5万円（1年当たり減価償却費）

　借家の場合で賃料が月15万円、床面積の25％を事務所が使用した場合は、以下の費用が経費として計上できます。

15万円×12月×25％＝45万円（1年当たり事務所使用料）

(2) 固定資産税、都市計画税、火災保険料、地震保険料

　自宅にかかる固定資産税、都市計画税、火災保険料、地震保険料などについても、事務所に対応する費用を適切な比率で求めて経費として計上可能です。

(3) 電気料金も適切な使用比率で計上可能

　税金、保険料と並んで、自宅全体にかかる電気料金も、自宅の一部を事務所にすることにより、適切な比率、例えば床面積比で経費として計上することができます。

(4) 事務所の修理費用

　事務所にあるエアコンが故障したときの修理費や物を落として床が

傷ついた場合の補修費も経費として計上が可能です。

(5) 事務所備品費

　　これは、外部で事務所を借りても同様ですが、次の事務所用備品を購入した場合、経費として計上できます。

　　机、椅子等の備品、パソコン、プリンター、文具、コピー用紙、インクなどの消耗品

　つまり、自宅の一部を事務所、すなわち、価値を生み出す生産設備とすることにより、次のメリットが得られるのです。

1. 事務所を借りる使用料を支払うという外部流出を防ぐ。
2. 自宅の一部を有効活用する。
3. 自宅全体にかかっている共通費用（減価償却費・家賃・税金・保険料・電気料金）の一部を経費化することで、節税を図る。特に減価償却費は金銭を外部流出せずにコスト化できるのでメリットはさらに大きい。

5-7 青色申告決算書と確定申告書の作成と確定申告までの流れ

　個人事業主としての取引から複式簿記で記帳して青色申告決算書作成に至るまでの過程は複雑なので、市販の確定申告ソフトを使うことをお勧めします。

　私の場合はマネーフォワードの確定申告ソフトを使っていますが、使用料は月額1,400円ほどかかります。

　作業量から言うと各種取引の記帳が最も大変なので、年度末にまとめてインプットするのではなく、できれば、毎月インプットすることをお勧めします。

　仕訳が終わると、ソフトが損益計算書・貸借対照表をはじめとする青色申告決算書を作成してくれます。

　確定申告書の作成の段階では、事業所得は青色申告決算書に基づき事業収入、事業所得が算入されるので、年金収入、年金所得を源泉徴収票に基づいて入れます。

　このとき、給与所得者が年金をもらいながら個人事業主として副業をしている場合は、さらに、給与収入、給与所得を源泉徴収票に基づきインプットします。

　その後、所得控除額を入れると、所得税額が出てきます。

　所得税額から税額控除額・すでに収入から差し引かれている源泉徴収税額を引いて、その結果がマイナスなら、所得税は還付され、プラスなら3月15日までに追納する必要があります。

　住民税については、所得税に関する確定申告を行うと、国から市区町村に情報が行くので、それに基づいて住民税が計算されます。

　住民税は確定した所得に基づいて計算されるので、還付・追納という手続きはありません。それでも、確定申告でしかるべき所得控除を申請

しないと住民税が減額されないので、申告できる所得控除はすべて申告することが住民税節税にとっても重要です。

5-7-図1 青色申告決算書と確定申告書の作成と確定申告までの流れ

取引（収入と支出が発生する）

↓

| 記帳と保存 | まず、現金主義の帳簿
入金・出金の日付に応じて、売上・仕入・経費などを記帳する
（家計簿の感覚）
次に、複式簿記の帳簿
仕訳の例：
収入　　：(借方) 預金　　　　3万円　　　(貸方) 売上　　3万円
支出①：(借方) 新聞図書費　2万円　　　(貸方) 預金　　2万円
支出②：(借方) 消耗品費　　1万円　　　(貸方) 預金　　1万円 |

↓

| 青色申告決算書 | 損益計算書（売上・費用・利益を記入）
月別売上金額及び仕入金額、給料賃金の内訳、
専従者給与の内訳、減価償却費の計算等

貸借対照表（複式簿記の場合に必要） |

↓

確定申告書	事業収入	○○○	
	年金収入	○○○	
	事業所得	△△△	
	年金所得	△△△	
	所得計	△△△	A
	所得控除　物的控除	(-) △△△	
	人的控除	(-) △△△	
	所得控除計	(-) △△△	B
	課税所得	△△△	C=A－B
	所得税	△△△	D=C×税率－控除額
	税額控除	(-) △△△	E
	源泉徴収税額	(-) △△△	F
	還付税額または追納税額	(±) △△△	G=D－E－F

Gがマイナスなら税金は還付され、プラスなら追納する

確定申告データに基づき、市区町村が住民税を計算する

第 6 章

老後資金の増やし方

手持ち資金を、まさかの時や老後の備えのための必要資金と余裕資金に分ける

6-1

1. まず、老後の必要資金を計算しよう。老後の最低生活費はいくらか？

　お金を増やすためには、まず自分自身の資金の状態を確認する必要があります。

　現在60歳前後の方を想定して、確認すべきことを整理してみます。

・現在の貯蓄額
・年金生活に入る年齢(注1)
・自分が将来受け取れる年金額
　（公的年金に加えて個人年金がある場合は加える）
・現在、持ち家で住宅ローンは完済済みか、住宅ローンが残っているか、借家住まいか？
・保険の加入状況。特に持ち家の人は火災保険に入っているか？
・年金生活に入る時点での予想貯蓄額(注2)

(注1) 公的年金については、自分が将来受け取れる年金額をねんきん定期便の「老齢年金の種類と見込額（年額）」で確認してください。ただし、この金額は基本的に60歳になった時点での年金額を示しているので、65歳まで働こうと思う方は年金事務所に問い合わせて自分がもらえる年金額を確認することをお勧めします。
(注2) 年金生活に入る時点での予想貯蓄額については次のようにして算出します。
　年金生活に入る時点での予想貯蓄額＝現時点の貯蓄額＋年金生活に入るまでの増減予想額（退職金も含める）

　以上の確認をしたら、老後の必要資金を計算してみます。

　老後の生活費は、第4章「年金はいくらもらえるか」で述べた生命保険文化センターの調査「老後の最低日常生活費：月あたり23万円」を使います。

「まさかの時の費用」も考える

それ以外に「まさかの時の費用」も考える必要があります。

老後の生活で考えるべきまさかの時の費用と対策（　）内は以下の通りです。

(1) 持家の場合、自宅が火災や自然災害にあった場合の復旧費用（火災保険に入る）
(2) 自動車運転中の事故による傷害や賠償責任に関する費用（自動車保険に入る）
(3) 病気になったときの治療費（公的医療保険の高額療養費で考える）
(4) 要介護状態になった時の費用（公的介護保険で考える）

このうち、(1)、(2) については保険で賄えますが、(3)(4) については、それだけでは不足する費用もあるので、民間保険で補完するか現金の備えを考えることをおすすめします。

第7章の **7-3** で述べますが、介護付き老人ホーム費用は一人当たり600万円程度必要です。本来であれば、2人分の1,200万円をまさかの費用として加えたいところですが、必ずしも介護が必要になるとは限らないので、600万円をまさかの時の費用として加えておくこととします。

「老後生活費」と「まさかの時の備え」を加えて老後の必要資金とします。

6-1-表1 は、自分がもらえる年金が月20万円の場合の老後の必要資金を示しています。

年金生活に入る年齢を65歳として30年後の95歳までの必要金額を計算すると不足額は1,680万円になります。これが老後の必要資金となります。それ以外の生活費は年金が賄ってくれます。

年金生活に入る時点での予想貯蓄額を3,000万円としたら、差額の1,320万円が余裕資金となり、それが投資に使う金額です。

6-1-表1 老後の必要資金と余裕資金

単位：円

	月あたり	年あたり	30年間
年金（公的年金＋個人年金）*1	200,000	2,400,000	72,000,000
老後の最低生活費	230,000	2,760,000	82,800,000
生活費不足額	− 30,000	− 360,000	− 10,800,000
まさかの時の予備資金			− 6,000,000
老後の必要資金			− 16,800,000

*1　ねんきん定期便で自分自身の年金を確認する

単位：円

年金生活に入る時点での予想貯蓄額			30,000,000 *2
老後の必要資金			− 16,800,000
投資に向ける余裕資金			13,200,000

*2　現在の貯蓄から年金生活に入る時期までの増加分を予想して算出する。退職金も忘れずに

注意事項1

個人事業主の人は年金額が少ない

　個人事業主の人は、基本的に国民年金にしか加入していないため、年金額が夫婦合わせても10万円程度にしかならないことがあります。

　その場合は貯蓄額がかなり多くないと老後資金が不足になる可能性があります。国民年金以外にも国民年金基金、個人年金などの年金に入っていなかったか、将来のために小規模企業共済などの共済金などを積み立てられないか確認してください。

注意事項2

住宅ローンの残っている人は、繰上返済を考える
借家住まいの人は老後の最低生活費を調整する必要あり

　老後の最低生活費には、住宅ローンの返済資金や借家の家賃は含まれていません。

　その費用が必要な場合は、老後の最低生活費に住宅ローンの元利返済額または30年分の家賃を加える必要があります。

この結果、老後資金が不足することがあるので、住宅ローンが残っている人は、現在の貯蓄または将来もらえる退職金などを使って繰上返済をすることを考えましょう。

6-2 必要資金は元本保証の銀行預金に預ける

前節で、

貯蓄額−老後の必要資金＝余裕資金

余裕資金＝投資資金

という考え方を示しました。

老後の必要資金は価格が変動する投資信託、株式などの変動性金融商品ではなく、元本が保証されている銀行預金等に預けるべきです。

なぜなら、必要資金は必要額と必要時期が決まっているので、価格変動のリスクは避けるべきであるということです。

それゆえ、元本が増える楽しみはほとんどありませんが、銀行預金に預けるのが最も妥当な考え方です。

2023年3月現在、銀行の定期預金で最も金利の高いものは、年利0.2％程度です。仮に1,000万円を10年、金利0.2％で預けると、利息は20万円で、元本の2％相当になります。物価上昇率もカバーできないかもしれませんが、必要資金は安全性を最優先に考えざるを得ません。

そして、必要資金を、前節の例でいえば、月あたり3万円、年あたり36万円切り崩して生活費に充て、まさかの時の費用600万円は常に現金で保有し、残りの貯蓄額を投資に振り向けるということになります。

でも、せっかくの貯蓄を少しずつ切り崩して生活をしていくのは、心細いですよね。それ以外にいい方法はないのでしょうか？

1. 不足額は自分で稼ぐ

　前節で挙げた例を月あたりで考えると、

　老後の最低生活費23万円－年金額20万円＝不足額3万円

　となります。不足額は将来もらえる年金額によって異なりますが、不足額を働いて稼ぐようにすれば、貯蓄額は、まさかの時の費用を除いて、すべてを投資額に振り向けることも可能になります。

　やはり、老後の生活では、お金を稼ぐ、増やす、守るの三拍子をバランスよく組み合わせていくことが肝心なのです。それが豊かな老後を過ごすためのコツなので、不足額があるのなら働いて稼ぐという考え方が賢明だと思います。

6-3 投資は余裕資金で行う。投資の対象は手数料の安い投資信託、米国国債・金なども考える

1. なぜ、投資を余裕資金で行うのか

　投資はリスクを伴うもので、基本的に元本保証ではありません。これからご紹介する投資でも、投資の途中で価格が元本より下がる（元本割れする）こともありえます。

「必要資金」で投資信託を買って、投資信託が元本割れした時点と資金の必要時期が重なったら、泣く泣く元本割れした投資信託を取りくずさねばなりません。

　ですから、投資は必要金額や必要時期に左右されない余裕資金で行う必要があるのです。

2. 投資を余裕資金で行うメリットは何か？

「余裕資金」とは、用途が決まっておらず、仮にその資金がなくなっても生活には困らないお金のことを言います。

　投資した元本は、元本割れしたり、元本を上回ったりしながら徐々に増えていきます。株は常に上がり続けるものではありません。

　投資で最終的に成功するためには、元本割れして損をしているときでも、投資をやめずに続けることが肝心です。

　これは言葉でいうと簡単ですが、実際には、かなり難しいことです。損をしているときは「このまま株が下がり続けて、元本の３分の１になったらどうしよう」という不安がよぎり、損してもいいから売って投資を終わらせようとする衝動にかられます。そこで売ってしまえば、「失敗」という結果しか残りません。

　そういう時に投資を続けるインセンティブの一つが、投資を余裕資金で行うことです。余裕資金であれば、万一ゼロになっても生活はしてい

けますし、このお金がいつ必要だということもありません。

　すなわち、投資を成功させるための第一の要件は、「投資を続ける」なので、そのためには、投資は余裕資金で行うことが必要です。

③ 何に投資したらよいか？

　次に、何に投資したらよいかということについて、述べてみたいと思います。

3-1　大きな市場の動きにリンクするインデックス・ファンドに投資をする

　まず、投資の対象としてご紹介するのは、手数料の安い投資信託で、その中でも、日経平均株価のような大きな市場の動きにリンクするインデックス・ファンドです。大きな市場の指数（インデックス）の動きにリンクする投資信託（ファンド）なので、インデックス・ファンドといいます。

インデックス・ファンドとは、一国の経済動向を映し出す鏡

　インデックス・ファンドとは何かを説明しましょう。

　投資信託とは、投資家から集めたお金を運用会社が株式や債券などの金融商品に投資して値上がり益を得ようとするものです。株式に投資する投資信託でも、ハイテク株に投資するとか、石油資源株に投資するとか、特定の分野に属する複数の株式に投資したり、日経平均株価のように一つの株式市場に属する多くの株式にまとめて投資するものなどがあります。

　日経平均株価指数とは、日本の代表的な証券取引所である東京証券取引所プライム市場に上場する株式から、225銘柄の株式を選び、その平均株価を基に算出した指数をいいます。

　日本の主要な企業225銘柄の株価を平均したものなので、日本の株価の動向をあらわす指数であり、また、日本経済の動向を示す指標ともいえます。

アメリカにおける指数としては、ニューヨーク・ダウ平均株価指数が有名ですが、むしろ投資の世界におけるもっとも一般的で包括的なインデックスはS&P500種指数です。

　S&P500種指数は、ニューヨーク証券取引所やNASDAQに上場している代表的な500銘柄の時価総額を基に算出され、その構成銘柄はアメリカ株式市場の時価総額比率の約80％を占めています。アメリカの株式市場動向を把握する上で重要な指標ということができます。

　すなわち、投資の対象とすべき投資信託は、日経平均株価指数やS&P500種指数と連動するように設計されたインデックス・ファンドです。

　日経平均株価指数と連動するインデックス・ファンドは、日本経済の動向を映し出し、S&P500種指数に連動するインデックス・ファンドはアメリカ経済の動向を反映するということができます。

もう一つ忘れてはならないこと。手数料の低い投資信託に投資する

　投資信託には販売会社、運用会社、管理会社など多くの会社が関係するので、多くの場合、手数料が高くなります。

　手数料の中でも最も注意すべきものは、保有期間に応じてかかる信託報酬手数料です。

　信託報酬手数料を年２％とした場合、その投資信託を10年間保有すると、20％の手数料をとられることになります。元本の20％くらいは儲けたいと思って始めた投資信託が10年たつうちに、元本の20％を投資信託に関係する会社に吸い取られてしまい、儲かったのは金融機関だけということになりかねません。

　ですから、低い信託報酬手数料の投資信託に投資するのは鉄則といえます。

　インデックス・ファンドであれば、信託報酬手数料が年0.1％程度のものが多数あります。これなら、10年保有しても手数料は１％、20年保有しても２％なので、安心して長期投資をすることができます。

3-2 株価と反対の動きをするアメリカの国債に投資をする

そのほかにも投資の対象として考えるべきものがあります。アメリカの国債です。

アメリカの株価は、2022年初頭にピークを付けてから、ウクライナ紛争を機に下がり始めました。これに対し、アメリカの国債10年物の利回りは、2022年初頭の1.5%から上がり続け2023年6月現在で3.7%前後で推移しています。一般的に、金利が上がると株価が下がり、金利が下がると株価が上がると言われています。

インデックス・ファンドは株価の集合体ですから、そのリスクをヘッジ（防御）するために、異なった動きをするアメリカの国債に投資することが有効です（両者のチャート比較については 6-3-図2 を参照ください）。

アメリカの国債に投資するもう一つのメリットはドル建ての資産を持つことができ、かつ、満期まで持てば、ドル建てで元本が保証されるということです。

少し複雑ですが、アメリカの国債には二種類あり、ここでは割引債について具体的に説明してみたいと思います。割引債とは、満期時点のドル価格が決まっていて、それ以前に割引価格で購入することができるタイプの国債です。 6-3-図1 を参照ください。

6-3-図1 アメリカの国債償還までの価格推移（例）

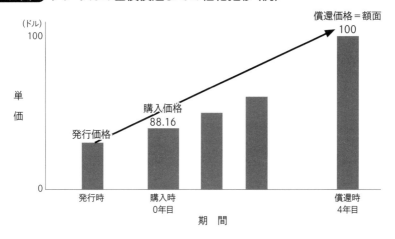

たとえば、現在アメリカの国債（割引債）を88.16ドルで購入することができるとします。4年後の満期まで持ち続ければ、満期時点の償還価格は100ドルになることが決定しています。逆算するとドル建て複利利回りは年3.2％となります（満期前の価格は、株のように変動するので、満期前に売れば、最悪、元本割れとなる可能性もあります）。

　アメリカ国債はいずれの種類でも、満期時点で売却すればドル建て価格が保証されているので、ドル建てでの元本割れリスクはありません。

　ドル建てということは、為替リスクがあるということですが、これはいいほうにも、悪いほうにも働きます。

　2022年初頭に115円/ドルだった為替レートは2022年10月に150円/ドルを超え、2023年6月時点で140円/ドル近くで推移しています。

　2022年初頭にアメリカ国債を買っていれば、その後の円安をヘッジすることができ、円安時に売却すれば、円ベースで大きな利益を得ることができたということになります。

3-3　有事に強い金に投資する

　投資対象として、3番目にご紹介するのは金です。

　金は有事の金といわれ、戦争や株価の暴落の時に買われる傾向があります。株だけに投資をすると、暴落や株価長期低迷の時に損失が出る可能性があるので、株価の変動リスクをヘッジする手段として昔から評価されてきました。

　金に投資をすれば、株価の下落を緩和することができます。

　S&P500種指数と金の動きを比較すると、次の2つの時期で金は株価と反対の動きをしています。 6-3-図2 をご覧ください。

（1）2008年から2009年のリーマン・ショック

（2）2020年のコロナ・ショック

　両者を比較すると、株価が暴落したのに対し、金の価格は上昇しているのです。

　投資資金のうち、10％から20％でも金に投資しておけば、株価暴落が起きた場合でも損失が緩和されたことになります。

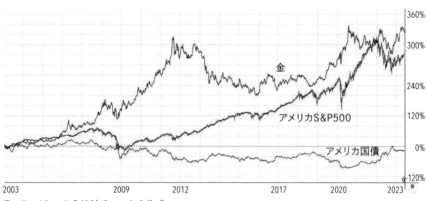

6-3-図2 アメリカS&P500、金とアメリカ国債10年物のチャートを比較

Trading Viewから比較チャートを作成

3-4 何に投資したらよいかをまとめると

　何に投資したらよいかをまとめると、次のようになります。

1. できるだけ大きい市場指数にリンクするインデックス・ファンドに
　投資する（例えば、日本市場全体またはアメリカ市場全体の株価の動
　きにリンクするもの）。その際、最低レベルの手数料しかかからない
　ものを選択する。これは鉄則。
2. 株価変動のリスクをヘッジするため、株価と異なった動きをするア
　メリカ国債や金に投資する。

6-4 投資は、長期・積立・分散が基本。60歳なら長期投資に十分な時間が残されている

1. 分散投資が投資の基本

　分散投資とは、なんでしょうか？

　対象商品の価格変動のリスクを分散することです。

　株式であれ、債券であれ、投資の対象となる金融資産は時間とともに価格が変動し、また銘柄によって値動きが異なります。

　売却期限を1年以内と決めて株を買った場合、その間に株価が上がればよいのですが、株価が下がれば損をして売らざるを得ません。売却期限を10年以内として投資をすれば、その間の株価が上がったタイミングで売却すればよいことになり、買値より高い価格で売るチャンスは増えます。

　また、ある大企業の株を買ったとします。大企業だから株価も順調に上がると思っていたら、予期せぬ出来事が起きて、倒産してしまうかもしれません。

　そんなことが過去には実際に起きました。日本航空はリーマン・ショックとその後の需要急減の影響を受け、2010年1月に会社更生法を申請し経営破綻に追い込まれ、株価はゼロになりました。

　もし投資先を1社に絞らず、全日空などを含む運輸・物流業全体の株式に連動する投資信託を買っていたら、株価がゼロになることはなかったでしょう。また、日経平均株価にリンクするインデックス・ファンドを買っていれば、そんな大きな被害は免れて、将来の株価回復を待つことができたはずです。

　そのように価格が変動する商品に投資をする場合は、株価の偏った動き（リスク）を分散（緩和）する形で投資をしなければいけません。それ

を分散投資といいます。

　分散投資のやり方は主に次の3通りです。
・分散投資の基本　その1　時間のリスクを分散する
・分散投資の基本　その2　銘柄・地域のリスクを分散する
・分散投資の基本　その3　値動きのリスクを分散する

　分散投資をしたからといって儲かることが保証されるわけではありません。
　ただ、儲かるチャンスが増え、損をするリスクが減るということです。特に長期投資で時間をかけることで株価が回復するチャンスを待つことができるのは非常に大きいといえます。
　これから、それら一つ一つについて説明していきます。

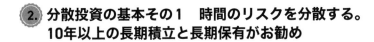 2. 分散投資の基本その1　時間のリスクを分散する。10年以上の長期積立と長期保有がお勧め

なぜ長期保有か？

　長期投資とは、長期にわたって株式やその他の資産に投資をすることをいいます。先ほど述べたように、時間により株価は上下するので、長期保有をすることにより、時間のリスクを分散し、極端な動きをやわらげることができます。
　S&P500および日経平均株価について、リーマン・ショック直前の最高値から10年間の株価の動きを見ると、山谷はあってもS&P500、日経平均株価とも10年後には株価が上昇していることがわかります。

S&P500
2007年10月9日　　1565.15ポイント　　100％
2017年10月9日　　2544.73ポイント　　163％

日経平均株価

2007年5月1日　　17274.98円　　100%

2017年5月1日　　19310.52円　　112%

　すなわち、10年間という長期で見ると、アメリカ株S&P500では、株価が下落したまま回復しなかったり、下方へ向かって突き進むことはほとんどなかったということができます。

　ところが、日本の日経平均株価では、史上最高値は1989年12月29日の38,915.87円（終値）で、それを33年以上たった現在（2023年6月9日）でも更新していません。

　アメリカ株の回復力の高さと日本株の低迷が見て取れます。

　こういう比較をすると、同じインデックス・ファンドに投資するにしてもアメリカ株に投資したほうが儲かると思う人が多いのも納得がいきます。

長期積立投資のメリット1

毎月一定額買うと平均購入単価が安くなる

　長期投資を長期積立で行うことで、さらにメリットが出てきます。

　長期積立とは毎月1万円など、自分で決めた投資額で株価を長期にわたり（例えば10年間）継続して購入することです。

「ドルコスト平均法」という言葉を聞いたことがありますか？

　株式のような価格の変動する資産に毎月一定額を投資した場合、株価が安いときは多くの株式が買え、株価が高いときは少ない株式しか買えません。その結果、毎月1株ずつ買った場合と比べ、毎月一定額ずつ買ったほうが、平均購入単価が安くなるのです。

　購入方法を変えただけで、ほんとに安くなるのかと思われるかもしれませんが、間違いありません。

　また、ドルコスト平均法による積立投資は、皆さんが証券会社を通じて投資信託を買う場合に通常行っている方法なので、あえて意識的に行う必要はありません。

長期積立のメリット2

相場が下がっているときでも、積立だと不安をやわらげる効果がある

　株式投資は感情に左右されることが多く、株価が暴落したときにも、平然として、冷静に判断できる人は少ないものです。感情に打ち勝って投資を続けることができるかどうかは、投資が成功するか否かを決める大きな要素です。

　長期にわたって積立を行うことのメリットは、相場の下落時にも、それほど大きなストレスを感じずに済むことです。毎月少しずつの投資なので、「間違っても致命傷にはならない」「最悪、積立を中断して様子を見ることもできる」という余裕を持つことができ、比較的冷静に積立を続けることができます。中断をしなくとも、積立金額を減らして様子を見ることも可能です。

　また、機械的に購入するので、心配や不安などのネガティブな感情や儲けてやろうという欲がはいりこむ隙がありません。

「下手の考え、休むに似たり」。感情に左右されず機械的な投資を行うには、積立投資が一番です。

3. 分散投資の基本その2　銘柄・地域のリスクを分散する。S&P500、世界株式など広い範囲で投資する

　これは先ほど挙げた日本航空の経営破綻で説明したセオリーです。

　単独の企業の株式に投資をすると株価が上がることもありますが、最悪、株価がゼロになってしまうことがあります。

　単独株への投資から運輸・物流株、日本株、日本・アメリカ・欧州などの先進国株、世界株への投資とその範囲を広げていけば、株価が極端な動きをするリスクを緩和することができます。

　これを銘柄または地域のリスクの分散といいます。

　このような投資をするにはどうしたらよいのでしょうか？

　インデックス・ファンドのような投資信託に投資をすればよいのです。

　日経平均株価やS&P500以外にも、先進国のインデックスや新興国のインデックス、全世界のインデックスにリンクする投資信託が売り出さ

れています。

それを購入することで、例えば、全世界の株に投資をすることが可能になるのです。

また、アメリカのように経済力の強い国に特化して投資したい人はS&P500インデックス・ファンドに集中して投資をすることも可能です。

4. 分散投資の基本その3　値動きのリスクを分散する。株式と異なる値動きをする債券、金、不動産と組み合わせて投資する

次の分散投資は前節でも挙げた株価と異なった動きをする資産に投資するやり方です。これを値動きの分散といい、債券、金、不動産に投資する方法です。

債券、金、不動産は株価と異なった動きをします。そのメカニズムは複雑ですが一般的には次のような傾向があります。

金利が上昇すると債券の利回りは上昇し、株価は下落します。

金利が低下すると債券の利回りは低下し、株価は上昇します。

金の価格は戦争などの有事、株価の暴落などの際に上昇します。

不動産は元来、ミドル・リスク、ミドル・リターンといわれている資産です。銀行預金と株式投資の間に位置する資産と考えればよいでしょう。インデックス・ファンドはハイ・リスク、ハイ・リターンの単独株投資をミドル・リスク、ミドル・リターンに近づけたものなので、不動産の価格の動きは、ほぼ株式インデックスと同様の傾向で推移しています。

5. 60歳なら長期投資に十分な時間が残されている！

60歳の方の平均余命は、男性で24年、女性で29年あります。

長期投資に必要な寿命は残されていると考えていいでしょう。

長期投資は長ければ長いほど有利です。もしも、長期投資の途中で不幸にして亡くなられることがあっても、配偶者がいらっしゃればその方に相続したり、子供のある方ならば、お子様に相続すれば、親子二代で

長期投資を続けることができます。

　相続時に株価が低迷していれば、現金で相続するより相続税が安くなるというメリットもあります。

　自分は年だから長期投資はできないと考えることは、ある意味でもったいないことです。

アメリカのS&P500などのインデックス・ファンドに10年以上の積立投資をする

1. 実際にS&P500に長期積立投資をしたら？

インデックス・ファンドへの長期積立投資は **6-3**、**6-4** で述べてきました。

インデックス・ファンドの中でも、アメリカの株式動向を示すS&P500への投資は、値動きもよく、回復力も高いことを説明しました。

この節では実際にS&P500に長期積立投資をしたら、どのくらい儲かるかについてみていきたいと思います。

S&P500インデックス・ファンドに投資する方法は、証券会社のラインナップからアメリカのインデックス・ファンドS&P500を選んで長期積立をすればよいだけです。証券会社については、私は「ネット証券」をお勧めします。

あるファンドで長期積立投資をしたら、どのくらい利益が出るか、ドルコスト平均法で購入する場合と定量購入法で購入する場合とに分けて、示したいと思います。

ただし、私が調べた限り日本で買えるS&P500に関するインデックス・ファンドで、設定日から10年以上を経過したものはなかったので、設定日2018年7月3日、設定から現在まで5年弱経過済みのeMAXIS Slim（S&P500）で値動きを検証して結果を **6-5-表1** にまとめました。

積立期間：2018年7月3日から2023年3月15日
2018年は、リーマン・ショック後、約10年が経過し、株価の上昇トレンドが続いている時期で、2020年2月のコロナ・ショックの後、V字回復し、2022年2月のウクライナ紛争を機に下げに転じました。

購入方法と売却時期：設定日以降毎日購入し、買い最後の日に全額売却する

設定日から売却日にかけてS&P500は山谷がありながらも、基本的に上昇しているため、長期積立によっても30％から40％の利益が上がります。売却金額／総購入金額はドルコスト平均法で1.41、定量購入法で1.32となりドルコスト平均法の方が約10％利益率で優れていることがわかります。

6-5-表1 ドルコスト平均法と定量購入法　利益比較

購入方法	ドルコスト平均法	定量購入法
購入開始年月日＝ファンド設定日	2018/7/3	2018/7/3
設定日単価	10,038	10,038
総購入金額	11,450,000	16,210,522
平均購入単価	13,290	14,158
同比率	94％	100％
売却年月日（約定日ベース）	2023/3/15	2023/3/15
売却日保有口数	861.6	1,145.0
売却金額	16,101,824	21,398,905
売却単価	18,689	18,689
設定日以来上昇率	1.86	1.86
利益	4,651,824	5,188,383
売却金額／総購入金額	1.41	1.32

注）ドルコスト平均法では毎日10,000円ずつ、定量購入法では毎日1口ずつ購入すると仮定、手数料、税金は一切考慮せず。信託報酬手数料0.0968％は反映済み

2. リーマン・ショックでも、株価は5年半で回復した

　時間のリスクについては前節で説明しましたが、リーマン・ショックを例にとって再度説明しましょう。

　まず、リーマン・ショックとはどんな株価暴落であったかを説明したいと思います。当時、信用力の少ない住宅ローンでもそれを集めれば信用力が大きくなるという理論に基づき、サブプライム・ローンという商

品が開発され大量に販売された結果、それが金融市場に危機をもたらしました。大手投資銀行であるリーマン・ブラザーズの倒産に端を発し、連鎖発生した全世界的な金融危機です。

リーマン・ショックによる株価下落率は56％に達しました。

アメリカ市場では1920年代から約100年間の間で30％以上の株価下落が8回ありましたが、株価下落率でいうと1929年に起こった世界恐慌に次ぐ市場2番目の株価暴落となりました。リーマン・ショックの大きさがおわかりいただけると思います。

6-5-図1 をご覧ください。S&P500インデックスのリーマン・ショックを挟んだ10年間のチャートです。

株価は時間軸に沿って上下し、リーマン・ショックで暴落したあとで回復し、さらに上昇しました。

リーマン・ショック前高値である2007年10月9日の1565.15ポイントで株を買ったとします。リーマン・ショックによる暴落で株価は下がりますが、5年半後の2013年3月28日に1569.19ポイントを付け、リーマン・ショック前の高値を回復しました。

つまり、これは、株を長期間保有すれば、時間のリスクが分散され、株価が戻ることの実証例です。

この事実が示すことは、リーマン・ショックのような史上2番目の株価暴落でも、暴落前の最高値でインデックス・ファンドを買って、あとは放っておいても、5年半たてば、元の価格に戻っていたということです。

この状況で、長期積立をするとさらに回復が早くなります。

リーマン・ショック前の高値の日、2007年10月9日にS&P500に連動するインデックス投信を1万円購入し、その後も、毎月1万円ずつ継続して積立をしていったとします。チャートの曲線を見ておわかりのように、株価は下がっているので、積立による購入単価も徐々に下がってい

きます。

　1年半後の、2009年3月9日には最安値676.53をつけています。実に、リーマン・ショック前の高値の43%に相当します。

　ショック前高値のときに開始した積立投資の場合、積立とともに購入単価が下がっているので、平均購入単価も徐々に下がっていき、2013年3月28日を待たずして、S&P500の株価は、積立投資の平均購入単価を上回ることになります。

　すなわち、暴落からの回復という点では、長期積立による投資の方が、長期保有のみの投資より、時間的効率がいいということになります。

6-5-図1 S&Pチャート（2007-1〜2017-1）

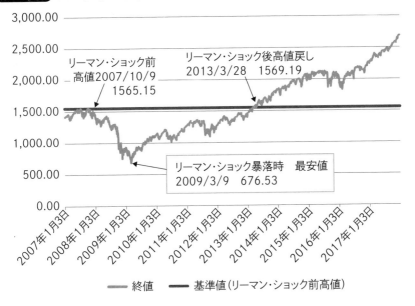

6-6 低コストが投資の成功のカギ。徹底して手数料の低いもの、税金のかからないものを選ぶ

1. 徹底した低コストが投資成功のカギ。信託報酬手数料には要注意

　6-4では投資の基本は分散投資という説明をしました。それとともに重要なのは、余分な手数料や税金を排除して、徹底した低コストを目指すことです。

投資信託の手数料では、信託報酬手数料が要注意

　投資信託は様々な形での運用を可能にするため、いろいろな会社が関与しています。投資信託にかかわる会社は、以下の3種類があります。

運用会社——投資信託財産の運用指図を行う。

受託会社——運用会社からの指図に基づいて有価証券を売買するとともにその保管を行う。

販売会社——投資信託の募集・売買、分配金・償還金の受益者への支払を行う。

　関与する会社が多い分だけ、投資信託の手数料は高くなりがちです。

　投資信託に関する主な手数料は次の通りです。

1. 購入時手数料

　購入時販売会社に支払う手数料

2. 信託報酬手数料（運用管理に関する費用）

　保有時に投資信託の信託財産から間接的に支払われ、この信託報酬手数料を引去った金額を総口数で割ったものが基準価額として表示される

3. 信託財産留保額

　投資信託を解約する際、徴収される金額

　上記のうち、購入手数料と信託財産留保額は一時払いの手数料ですが、その費用がかからない投資信託が多くなっています。ですからこれらについてはゼロの投資信託を買うことをお勧めします。

　手数料のうち最も重要なのは、信託報酬手数料で、これは投資信託の運用管理に関するものなので、保有期間に応じて年何％という形でかかります。

　一般的に最も安いもので、年0.1％程度、最も高いもので、年２％くらいかかります。0.1〜２％と聞いて、なんだ、大したことないなと思われた方はおられませんか？

　実はそうではありません。年２％の手数料のかかる投資信託を10年間保有すると20％もの手数料がかかってしまいます。

　6-4で説明したように投資の基本は長期投資で、10年から20年投資信託を保有し続けることは珍しいことではありません。その場合、手数料が20％〜40％かかるということは、儲けが飛んで、手数料のおかげで損をするという結果になりかねません。運用に手間をかけるアクティブ型ファンドに手数料が高いものが多いです。

　ただし、もう一つ注意すべきことがあります。信託報酬手数料については、契約者がコスト意識を持つことが難しい構造になっているのです。

　投資信託の基準価額は本来の投資信託の資産総額から信託報酬手数料を差し引いた金額を総口数で割ったものです。それが投資信託の運用画面に表示され、基準価額の推移を示す形でチャートが作られています。すなわち、投資信託の基準価額は常に信託報酬手数料が引かれた形で表示されていて、基準価額を見ているだけでは、信託報酬手数料が高いのか安いのかまったくわかりません。

　投資信託の内容の説明ページ、交付目論見書や運用報告書にパーセントで表示されているものの、関係先に支払われた信託報酬手数料の「実額」が表示されることはなく、契約者自身には、投資信託の保有期間を

通じて、いくら信託報酬手数料を支払ったのかがよくわからない仕組みになっています。

　投資信託においては、信託報酬手数料が最低レベルの0.1％程度のものを投資の対象とするのが鉄則です。幸いインデックス・ファンドは0.1％前後のものがほとんどです。

　これならば、10年から20年保有しても、信託報酬手数料は1％から2％で済むので、安心して長期保有をすることができます。

②　運用益非課税の投資を優先させる。NISA、iDeCoを狙う

　投資信託・ETF（上場投資信託）を含む株式、債券、金などの金融商品の運用益には20.315％の税金がかかります。

　一部例外として、保険関連の商品で保有期間5年を超えるものは一時所得として総合課税の対象になります。

　投資によりお金を増やすことに成功しても、その運用益には約20％の税金がかかるということは知っておく必要があります。

　ただし、例外として、NISAとiDeCoの運用益は非課税です。

　NISAは少額非課税制度と呼ばれるもので、株式や投資信託などの金融商品への投資を推奨するために作られた制度です。

　2022年12月に公表した「令和5年度税制改正大綱」により、2024年以降のNISA制度改正では非課税保有期間が無期限となり、保有限度額も1,800万円と大幅に増えました。

　iDeCoとは公的年金を補完するための個人型確定拠出年金で、投資信託、定期預金、保険商品などで運用します。それらの運用益は非課税であるだけでなく、掛金も全額非課税で節税効果の大きいのが魅力です。年金または一時金として受け取れますが、老後資金なので、60歳にならないと受け取れません。

　いくつかの制約はありますが、運用益の約20％に税金がかかるというのはかなり大きな金額です。ですから、これらの非課税の商品を優先して長期で積立をすることが最終的には有利な投資につながります。

NISAの非課税保有限度額は 1,800万円と大幅に拡大。 NISAをベースに積立投資を行う

1. NISAが2024年から改善、有効活用しないと損！

　前節で非課税投資の手段として紹介したNISAが2024年から大幅に改善されて使いやすくなります。

　主な改善点は以下の通りです。

1. 非課税保有期間が5年または20年だったのが無期限になる。
2. つみたてNISAと一般NISAは選択制だったのが、つみたて投資枠と成長投資枠に改称され、併用可能になる。
3. 年間投資枠が拡大され、両者で360万円になる。
4. 非課税保有限度額は総額で1,800万円となり、非課税限度枠の再利用ができるようになる。

　今までのNISAは、細かい制約が多く使いにくいものでした。それを使いやすくするとともに、非課税の枠を拡大、年間360万円、生涯1,800万円とすることにより、NISAをベースにして多額の長期積立投資をすることが可能になったのです。

　NISAのもう一つのメリットは、18歳以上なら何歳からでも加入ができ、何歳からでも引き出すことができるということです。

　今まで投資信託をやったことがなかった人が小額からの積立投資を始めたり、高齢の方が投資信託や株式による投資を行うには、ちょうどよい制度といえます。

6-7-表1 新しいNISAの概要

	つみたて投資枠　併用可	成長投資枠
年間投資枠	120万円	240万円
非課税保有期間*1	無期限化	無期限化
非課税保有限度額（総枠）*2	1,800万円 ※簿価残高方式で管理（枠の再利用が可能）	
		1,200万円（内数）
口座開設期間	恒久化	恒久化
投資対象商品	長期の積立・分散投資に適した一定の投資信託（現行のつみたてNISA対象商品と同様）	上場株式・投資信託等*3 （①整理・監理銘柄②信託期間20年未満、毎月分配型の投資信託及びデリバティブ取引を用いた一定の投資信託等を除外）
対象年齢	18歳以上	18歳以上
現行制度との関係	2023年末までに現行の一般NISA及びつみたてNISA制度において投資した商品は、新しい制度の外枠で、現行制度における非課税措置を適用 ※現行制度から新しい制度へのロールオーバーは不可	

*1　非課税保有期間の無期限化に伴い、現行のつみたてNISAと同様、定期的に利用者の住所等を確認し、制度の適正な運用を担保

*2　利用者それぞれの非課税保有限度額については、金融機関から一定のクラウドを利用して提供された情報を国税庁において管理

*3　金融機関による「成長投資枠」を使った回転売買への勧誘行為に対し、金融庁が監督指針を改正し、法令に基づき監督及びモニタリングを実施

*4　2023年末までにジュニアNISAにおいて投資した商品は、5年間の非課税期間が終了しても、所定の手続きを経ることで、18歳になるまでは非課税措置が受けられることとなっているが、今回、その手続きを省略することとし、利用者の利便性向上を手当て

金融庁作成「新しいNISA」から引用

6-8 NISAとiDeCoを併用して、それぞれの メリットを生かし、資産を作る

NISA、iDeCoはともに非課税の投資方法ですが、若干性格が異なります。

NISAへの加入は18歳以上ならいつでも可能なのに対し、iDeCoへの加入・積立は18歳から65歳までという年齢制限があります。

以下のアドバイスは、すでにiDeCoに加入されている方、または、50代でiDeCoへの積立期間が10年以上残っている方には有効なアドバイスと考えてください。

1. NISAの活用法

加入・積立・引出に年齢制限がなく、NISAの方がiDeCoより自由です。年間360万円、生涯1,800万円と多額の資金を投入することが可能です。

60歳から長期積立投資をして多額の老後資金や生活資金を確保しようとする人にお勧めです。

2. iDeCoの活用法

掛金全額非課税で、税金の還付が期待できるため、会社員でも個人事業主でも高額所得者にお勧めです。

50歳から65歳までの積立可能額

会社員　　　　　216〜414万円(注1)

個人事業主(注3)　60歳まで積立する場合816万円

　　　　　　　　65歳まで積立する場合1,224万円(注2)

(注1) 会社員の場合、企業年金の制度により積立可能額が異なる可能性があるので個別に会社に確認する必要あり。

(注2) 個人事業主が60歳以降も積立をするためには、60歳以降も任意加入で国民年金

に加入していることが条件となる。

(注3) 個人事業主の積立可能額は国民年金基金の掛金または国民年金の付加保険料と合算した金額となる。

　掛金は全額非課税なので、特に積立枠の大きい個人事業主で50歳以前の人にはお勧めです。

6-9 都内中古ワンルーム・マンションへの不動産投資で賃料を稼ぐ、60歳なら銀行借入可能

今まで述べてきた株式や債券投資以外に考えるべき投資として不動産投資があります。

これは、マンションなどの投資物件を購入し、賃貸に出して賃料を稼ぐとともに、最終的には売却を考えるものです。

1. 不動産投資の目的とメリット

不動産投資の目的は次の2つです。

1. 賃料によるキャッシュフロー収入（インカム・ゲイン）と売却によるキャピタル・ゲイン
   賃貸は通常長期にわたるので、賃貸終了後のキャピタル・ゲインの価格予測は難しいとしても、極力価格の下がらない物件を購入する。
2. 相続税の節税
   現金より不動産で相続したほうが、相続税評価額が下がり、節税につながる。
   2. については、**6-10**で詳しく説明します。

2. 都内中古ワンルーム・マンションを選ぶ理由

1. 東京都23区内でも駅から徒歩10分以内の物件を選ぶ。空室リスクが小さい。学生・若い会社員を中心に恒常的な需要が見込める。
2. 投資総額が2,000万円台で済むので投資としては手ごろである。
3. 投資終了後の売却の値下がりリスクが最小に抑えられる。
4. 新築マンションは高い。中古になったとたんに価格が下がるので、新築は買ってはいけない。新築後5〜10年の築浅中古マンションが

お勧め。鉄筋コンクリート造りの築浅マンションを選べば、耐久性に問題はなく、法定耐用年数も47年なので、投資物件としての経済性もよい。

3. どんな物件に投資すべきか

投資物件を選ぶ際の目安は、次の通りです。

この程度の物件であれば、月9万円程度で賃貸できる可能性があります。

所在地	東京都23区内 最寄りの駅から徒歩10分以内
建物種類	鉄筋コンクリート造リマンション
間取り	1Kまたは1DK
床面積	25㎡程度
築年月	築浅中古（新築から5〜10年以内）
購入価格	2,000〜2,200万円程度
諸費用（仲介手数料など）	75万円程度
賃貸収入見込	月9万円程度 年換算108万円程度

4. 不動産投資のリターンはどのくらいか？

不動産投資の第一のリターンは、賃貸収入によるインカム・ゲインです。

6-9-表1 をご覧ください。

全額現金で購入した場合、その賃貸収支は年83.2万円なので、投資総額2,174万円の3.8%（税引前）が見込まれます。

不動産投資にはリスクがありますが、2,174万円を銀行に預金しても、これほど高率のリターンは見込めません。このまま投資を続けると約26年で投資金額が回収できます。これは、税引前ベースの計算なので、税金を考慮するともう少し投資回収に時間がかかる可能性があります。

投資回収後も賃貸を続ければ、それが不動産投資における純利益になりますし、好きな時点で売却することも可能です。

投資回収までに26年程度かかるので、その間空室率最小で賃貸をするためには、都内23区内の駅近のマンションを選ぶ必要があります。

一部の資金を銀行借入れで賄うことも可能です。

6-9-表1 の右では、投資総額2,174万円のうち、500万円を銀行借り入れした場合のリターンを示しています。この場合、毎年の賃貸収支は30.7万円、自己資金に対する賃貸収支の比率は1.8％で、投資回収年数は約30年です。

銀行借入れをした場合は、現金購入の場合と比べ若干投資回収に時間がかかります。

60代前半であれば、銀行借り入れはまず可能です。

6-9-表1 全額現金購入と一部借り入れの場合の投資回収比較

単位：円

	全額現金で購入	一部借り入れで購入
物件価格	21,000,000	
諸費用	735,000	
総投資額	21,735,000	
自己資金	21,735,000	16,735,000
借入額	0	5,000,000
借入年数	0	15年
金利	0	3％
団体信用生命保険料	0	借入残額の3％
賃貸関連収入／年 [*1]	1,077,750	1,077,750
賃貸関連支出／年 [*2]	245,952	771,022
賃貸収支／年 [*3]	831,798	306,728
自己資金に対する賃貸収支比率	3.8％	1.8％
投資回収年数（概数）（税引前）	26	30

*1 賃料、更新料を含む
*2 建物管理費、賃貸管理費、修繕積立金、固定資産税、内装費用など銀行借り入れの場合は借入
　返済額（元利）、団体生命保険料を含む
*3 初めの10年間の平均　税引前

不動産投資は、物件選定、物件価格、仲介手数料等の諸費用、マンションの管理費、修繕積立金、固定資産税、銀行借り入れに伴う借入金額、返済年数、金利、団体信用生命保険料など、投資に伴う変数が多いので、難易度は高いのですが、自宅を住宅ローン付で購入した経験がある方には、それほど難しいわけではありません。

　ただ、変数が多いだけに緻密な管理が必要になります。

**不動産は相続にも有利、
現金と比べ相続税の大幅な節税が可能**

　不動産投資のもう一つのメリットは、現金で相続するより相続税が安くなることです。

　人生100年とはいいながら自分の寿命は自分でもわかりません。高齢者にとって相続はいずれ考えなくてはならない課題です。

　それでは、相続を現金、通常の土地付き建物、賃貸中の不動産で行う場合、相続税の評価額はどうなるのでしょうか？

　その比較を **6-9** で取り上げた東京都23区内のワンルーム・マンションの例で行ってみましょう。

　 6-10-表1 は、ワンルーム・マンションの時価、自分で住んでいた場合の相続税評価額、賃貸中の不動産の相続税評価額の3通りの価額を示したものです。

　だんだん評価額が下がっていることがわかると思います。

6-10-表1 不動産相続時の状態別相続税の比較

	不動産の時価	通常の不動産の相続税評価額	賃貸中の不動産の相続税評価額
建物	1,500万円	900万円	630万円
土地（敷地権割合）	600万円	300万円	237万円
合計	2,100万円	1,200万円	867万円
比率（％）	100	57	41

　この表を見れば、現金で相続するより、不動産を買って相続する方が相続税が安くなり、その不動産を賃貸に出したまま相続するとさらに安くなることがわかっていただけると思います。

不動産の場合、なぜ、これだけ相続税評価額と時価に乖離があるのでしょうか？

　相続税評価額は時価で評価するのが原則です。

　現金の場合、その金額そのものが時価なので評価は簡単ですが、不動産の場合、時価には実勢時価と公示時価の二種類があり、本当の時価は実際に売ってみないとわかりません。当然のことながら、相続のたびに不動産を売るわけにはいきません。

　したがって、不動産に関しては、その性格に応じた評価額算出のルールが定められています。

　具体的に言うと、土地の相続税路線価（以下「路線価」と略）は、実勢時価の50％から70％くらいに設定されています。また、自宅として使っている土地・建物（自用の土地・建物）と賃貸に出している土地・建物では、所有者から見た自由度が異なるので、賃貸に出している土地・建物の方が相続税評価額が低くなっています。

　それらが不動産が相続に当たり、有利になる理由です。

6-11 投資の世界は危険と隣り合わせ、自分で十分理解できるものに投資をするのが鉄則

1. 投資と投機は違う

お金を増やすことには、「欲」が絡みます。

100万円を200万円にしたい、300万円にしたいという「欲」は誰しも持っています。ただ、そういうことが、簡単にできるわけではありません。

投資で失敗しないためには次の2つのルールを守ることが重要です。

1. 決してギャンブルをしない。
2. お金を増やすための方法論をしっかり持つ。

この2つのルールは投資の世界を取り巻くいろいろな危険に飲み込まれないための鉄則だと思ってください。

1. 決してギャンブルをしてはならないと思っている方は多いと思います。
   しかし、心の底では投資はギャンブルに近いと思っていませんか？
   知人から、たまたま買った株が急騰して2～3日で100万円儲けたという話を聞くと、私にもそんな幸運が来ないかなと思いませんか？
   もし、100万円儲けられるのなら、少しぐらいのリスクを冒してもいいなと思ってはいないでしょうか？
   そういう気持ちを持つと、投資の世界の周りにある「危険」の餌食になってしまいます。

2. そうならないためには、お金を増やすための方法論をしっかり持つことが必要です。具体的に言うと、たとえば、本章で説明しているドルコスト平均法を使った長期積立によるインデックス・ファンド

への分散投資です。

　ドルコスト平均法にも長期積立にも、理論的根拠があります。定額買付による安値での購入であり、時間のリスクの分散、インデックス・ファンドへの投資による銘柄・地域のリスクの分散などです。これらは単なるルールではなく、実績と理論的な裏付けに基づいた方法です。実績や理論的な裏付けは **6-3**、**6-4** で示した通りです。

　しかし、その方法を守ったからといって、2〜3日で100万円を儲けることはできません。例えば、S&P500インデックスは1979年12月から2023年3月までに約36倍になり、年率複利に換算すると、その上昇率は8.64％にもなります。これだけ上がれば大成功なのです。

　NISAやiDeCoの試算で、投資信託で年率3％のリターンで計算している例がありますが、損をするリスクのある投資の世界では年率3％でも優良の部類に入ります。年率3％で10年複利運用をすると1.34倍になります。銀行の定期預金は最も良いもので、年率0.3％、これを10年複利運用できたとしても、1.03倍にしかなりません。

2. 自分で十分理解できないものには投資しない。 原油ETF、仕組債など

　お金を増やすための方法論を持つということに関して心掛けるべきことは、自分が十分理解できないものには投資をしないということです。

　金融商品は複雑化しているので簡単には理解できません。デリバティブ、レバレッジなどの名前を付けた金融商品が横行しています。証券マンの通り一遍の説明を聞いて理解できる人はまずいないと思います。単に自分のお金を増やしたい人がそんな複雑なものまで理解する必要もありません。

　株式、アメリカの国債、金、不動産とリンクするREIT（不動産投資信託）だけでも、その基本を理解するのにかなり勉強をする必要があります。

　実は筆者自身、原油価格にリンクして価格が変動するETF（上場投資

信託) に投資して損をした経験があります。

　10年近く前、原油の値上がりが予想されたので、原油の価格にリンクして変動するETFに投資をしました (ETFとは株式のようにいつでも市場で売買できる投資信託と考えてください)。

　果たして原油価格は上がったのですが、ETFの価格はむしろ下がっています。おかしいと思って調べてみると、原油の保管費用がETFの価格に反映されていたり、原油先物価格と現物価格の限月乗り換えが云々かんぬんとかで、原油価格が上がってもETFの価格は下がるようにできているようです。ETFなので投資信託と違い、交付目論見書も運用報告書もありません。いずれにしても、このような複雑怪奇な商品には手を出してはいけません。

　読者の方々にも似たような経験をされた方がいらっしゃるのではないでしょうか?

　飽くまで、自分の頭で考えて、その商品の基本的な原理がわかるもの以外には手を出してはいけないということです。

　原油ETFと同様、理解できない商品としてデリバティブを使った仕組債、仕組預金があります。高齢者の方が高い利回りに惹かれて買って損をしたことで、仕組債は2022年、証券会社での販売停止が相次ぎました。

③ 保険会社の取り分が大きすぎる外貨建保険に入ってはいけない

　保険は資産運用の手段としても使われますが、アメリカドルの高金利を利用して保険会社やその代理店である銀行が売ろうとしている外貨建保険があります。

　円をドルに換えて保険料を支払い、3〜4％のドル金利で運用したのちに契約者に還元するものですが、次の2つの問題があります。

・為替リスクがあること
・ドルの高金利のメリットのほとんどを保険会社がとってしまうこと

為替リスクのあることはいろいろ指摘されているので、ご存じの方も多いと思います。ドルの為替リスクについてはきちんと理解して対処すれば乗り越えることは可能です。

　問題は二つ目の高金利のメリットを保険会社がとってしまうことです。高金利での運用成果の55％から85％ほどを保険会社がとってしまい、契約者には15％から45％しか還元されない仕組みになっている保険契約がかなりあるようです。

　仮に年4％で運用できたとして、保険会社の取り分が2.2％から3.4％ということになります。

　それ以外にも、為替手数料もインターネット証券会社が1円当たり25銭で設定しているのに対し、1円当たり50銭となっていたり、保険金を年金で受け取ろうとすると、年金で受け取るための手数料を取られるなど、保険会社は絶対に損しない仕組みになっています。

　高金利のメリットはほとんど契約者に還元されていません。

　インターネット証券会社でアメリカ国債を買えば、高金利のメリットはすべて契約者に入ってきます。私がアメリカ国債による資産運用をお勧めする理由はそこにあります。

4. 失敗したときのリスクが大きすぎる商品には投資をしない。FX、株式信用取引などレバレッジを使ったもの

　レバレッジというのは、自分の持っている資金以上の投資ができる仕組みのことをいいます。FXでは投資者が差し出す証拠金の25倍までの投資が可能です。株式の信用取引は保証金の3.3倍までの取引が可能です。レバレッジを使った取引は自分の実力以上の取引をするということなので、儲かった時の利益は証拠金や保証金の何倍、何十倍にもなりますが、損をしたときも大きくなります。

　実際の取引では、損が証拠金や保証金を超えたときに停止になりますが、証拠金や保証金を増やして取引を続けたくなるため、本来の投資の敵である「欲」や「迷い」を呼び込んでしまうという点で、投機に近いものということができます。

デイトレードも一日の上がり下がりに賭けるという点でギャンブルに近いということができるでしょう。

クレジット・カードは、リボ払いにしてはいけない

スーパーやドラッグストアでクレジット・カードで買い物をすると必ずと言っていいほど「リボ払いになさいますか、一括払いになさいますか？」と聞かれます。リボ（リボルビング）払いとは、支払いを毎月一定額に抑えることにより、利用者の資金負担を軽減しようとする仕組みです。

こう説明するといいシステムのように聞こえますが、こういう時は、必ず「一括払いにします」と答えてください。

リボ払いは実はカード会社が手数料（利息）を稼ぐために消費者に押し付けようとしているやり方なのです。

リボ払いでは毎月の支払金額が決まっていて、住宅ローンのように長期にわたり返済が続きます。買い物をして支払額が増えても毎月の返済額は変わりません。その代わり、返済期間が長くなります。

問題は手数料（利息）が高いことで、年間15％の高金利です。要するにリボ払いとは、買い物をすると15％の高金利が際限なく続く仕組みなのです。こういうところで無駄な出費をしていては、お金は増えません。一見、消費者にやさしく、実は消費者の不利益になるものは結構多いのです。気を付けましょう。

金融機関の営業マンの言うことを鵜呑みにしない。怪しい話も避ける

　実は大変残念で、ある意味、困ったことなのですが、証券会社や銀行などの営業マンは、消費者の味方ではありません。むしろ敵だと思わないといけません。

　彼らは月に何件成約するというノルマを負いながら、営業をしています。

　専門家だから、顧客の利益を考えて真摯にアドバイスしてくれると思ってはいけません。むしろ、自社にとって利益率や手数料の高い商品を売ろうとします。それらの商品は消費者にとって高い買い物なのです。そうでなければ、高い手数料がもらえるわけはありません。

　前節でお話しした外貨建保険では、保険会社がとった高金利のメリットの一部が手数料として代理店である銀行に支払われます。その手数料が高いから銀行員は外貨建保険を預金者に売ろうとするのです。

　一般に仕組みの複雑な商品は価格が高く、その価格の中に作成者の利益や関係先の手数料が組み込まれています。

　例えば、退職金の運用を証券会社や銀行に相談に行ったら、先ほど述べた外貨建保険や手数料の高いアクティブ型投信を勧められます。特別金利年2.5％の円定期もありますが、期間は3か月程度です。

　アクティブ型投信とは積極的にリスクをとって運用することで、市場平均以上の運用成績を目指すものです。企業の業績などを調べて投資をするので手数料も高くなります。ところが、そのうちのほとんどの投信は、S&P500などのインデックス・ファンドの実績にかないません。

　ということで、証券マンや銀行員の話は注意して聞かなければいけま

せん。甘い言葉やちょっと権威がありそうな難しい用語が出てきたら要注意です。もっとわかるように説明してくださいと言って、それでも、わからないようなら、お金を預けてはいけません。

　むしろ、自分で勉強したり、インターネットなどで調べて、それほど儲からないと思えても、自分がその仕組みを理解できるものに投資する方が、結果的にはいい投資ができることになります。

　それとは別に、「値上がり間違いなしの未公開株を特別に譲ります」「高利回りの海外ファンドを紹介します」のような話に乗ってはいけません。このような話は、知らない人物から突然電話が来たり、メールがきたりするものです。

　こういうやり方も投資に絡んだ「欲」を刺激して顧客をだまそうとする手口だと思ったほうが良いでしょう。

　投資は正しくやれば決して恐れることはありません。

　ただ、投資の世界の隣にはいろいろな危険が待ち受けていることも事実です。そこを十分理解した上で投資を行うことが必要です。

第 **7** 章

保険について
知っておくべきこと

7-1 強制加入の日本の社会保険はかなり整備されている。まず内容を理解して活用する

　最終章は「保険」についてです。

　これまでも述べてきましたが、保険には2種類あります。

　一つは強制加入の社会保険で、給与や年金から天引きされているもの。もう一つは民間保険で、入るか入らないかは契約者の任意によるものです。

　社会保険は、年金、医療、介護、労働災害、雇用（失業・求職者支援）などの人生において必須の分野に保障を提供しています。

　それに対し、民間保険は、生命保険、医療保険、火災保険、自動車保険、資産運用のための保険と、内容も範囲も多彩ですが、保障の内容が社会保険と重複しているものも多数あります。

　お金を増やす、守るために大事なことは、まず、すでに加入している社会保険を十分に活用することです。そのうえで、社会保険で十分保障されていない分野に関し、民間保険に加入することを考えるという順序になります。

　我々は、特に人生の始めと終わり、すなわち、生まれてから学校教育が終わるまでの期間と退職から死亡までの期間に社会保障や社会保険の恩恵にあずかっています。

　人生の初期であれば、出産・育児に関する補助、子供手当、無償の義務教育などがあります。

　そして人生の終わりには、老齢年金の受給や介護保険の給付などがあります。

　60歳以上の方は、老齢年金、遺族年金、雇用保険、医療保険、介護保険などへのニーズが急増するので、それらの制度を有効活用して自分の人生の支えにすることが重要です。

民間保険は社会保険の補完として考える。民間保険と社会保険は意外と重複した保障が多い

7-2-表1 は民間保険の保障範囲が社会保険の保障範囲と重複しているものを挙げています。もちろん100%重複しているわけではなく、民間保険がまったく無駄なわけではありません。

ただ、社会保険の存在を知らずして、民間保険に入ってしまうことが多くみられるので、まずは社会保険の保障内容を理解したうえで、民間保険の用途を考えて、加入することが大切です。

7-2-表1 社会保険と民間保険　重複する保障

社会保険		民間保険
医療保険（健康保険・国民健康保険など）	療養給付・高額療養費制度	医療保険
	傷病手当金	所得補償保険（就業不能保険）医療保険
介護保険	訪問介護等各種サービス	民間介護保険所得補償保険（就業不能保険）
国民年金厚生年金保険	遺族年金	生命保険（死亡保険）
	障害年金	所得補償保険（就業不能保険）
労災保険	休業給付	所得補償保険（就業不能保険）

公的医療保険の高額療養費制度の保障内容を知った上で、民間医療保険への加入を考える！

1. 高額療養費制度って何？

日本の公的医療保険は意外と頼りになります。公的医療保険とは、健康保険や国民健康保険を指します。健康保険は会社に勤務している人の

ためのものなので、企業を退職した方は、基本的に国民健康保険に加入することになります。

公的医療保険の保障で最も重要なのは、高額療養費制度です。

高額療養費制度とは1か月あたりの医療費が一定の金額を超過したら、超過した分は、健康保険または国民健康保険が払ってくれるという制度です。

第3章の**3-7**に書いたとおり、年収156万円〜370万円の人は、1か月の医療費が約5.8万円を超えると、超過した分は公的医療保険が払ってくれます(注)。

どんな大病をしても、公的保険の範囲内の治療をするのであれば、1か月最大5.8万円を支払えばよいということになります。

例えば、何らかの手術や病気で入院して10万円かかった場合、国民健康保険が4.2万円支払ってくれるので、自己負担金は5.8万円で済むことになります。

高額療養費は個人が無制限に医療費を負担することのないようにつくられた制度なのです。

日本では民間医療保険のセールスマンが、病気になったら多額のお金が必要だから医療保険やがん保険に入りましょう、と勧誘します。高額療養費のことはほとんど説明してくれないので、気が付いていない人も多いのです。

(注) 年収370万円〜770万円の人は1か月の医療費が約8万円を超えると超過した分は公的医療保険が払ってくれます。

皆さんは公的医療保険に入っているので、民間の医療保険に入ると、月5.8万円を超える部分の保障が重複することになります。

このような場合、民間保険への加入はどうすればよいのでしょうか？

いくつかの対応が考えられます。

2. 高額療養費制度を前提にした民間医療保険の使い道

(1) 医療保障は自家保険で考える

　高額療養費制度のおかげで、医療費のリスクは大きくありません。民間保険には入らずに、入院した場合にかかる費用の分を貯金しておき、入院した際の医療費として使う方法があります（いざというときの出費を自分で賄うので「自家保険」といいます）。

(2) 高額療養費制度があっても自己負担分は発生するので、
民間保険に入る

　高額療養費制度があっても、月5.8万円までは自己負担をしなくてはなりません。その費用をカバーするために民間医療保険に入るという考え方もあります。この場合は、リスクが小さいので、保障額も小さくてすみます。

(3) 個室費用など公的保険でカバーされない費用のために
民間保険に入る

　公的医療保険で保障されない入院に伴う諸費用をカバーするために、民間医療保険に入るという考え方もあります。個室費用などの差額ベッド代、入院中の食事代、病院へのタクシー代などは、入院に関する費用ですが、公的医療保険ではカバーされません。

　特に差額ベッド代は1日当たり数千円から数万円かかるので、民間医療保険からの入院給付金をもらえれば、差額ベッド代にあてることができます。民間医療保険は差額ベッドのための保険ではありませんが、そのために民間医療保険に入っておくという考え方もあるでしょう。

(4) 先進医療など公的医療保険の対象外の費用のために
民間医療保険に入る

　先進医療とは、将来、保険の適用が期待されている医療技術で、有効性や安全性に関して一定の基準を満たしたもので、厚生労働省の認めた

ものをいいます。陽子線治療や重粒子線治療（注）など、がんの治療に使える先進医療もあります。これらは公的医療保険の対象外なので、自己負担となり、いざ受けるとなると数百万円単位の費用がかかります。

　先進医療特約は民間医療保険やがん保険の特約として加入することができ、保険料は年齢に関係なく月100円程度からと割安なので、入っておく価値があります。民間医療保険に入らない場合は単独で入れる保険に加入することもできます。その場合の保険料は月500円程度です。

(注) 2022年4月から、陽子線治療や重粒子線治療を肝がんや再発した大腸がんなどに使う場合には、公的医療保険が適用されることになりました。どのようながんに公的医療保険が適用されるかは個別にチェックされることをお勧めします。しかし、他の陽子線治療や重粒子線治療、その他の先進医療が保険適用の対象になったわけではないので、先進医療特約を利用する価値はあります。

　ここでは、民間医療保険の用途に関するいくつかの例を挙げました。
　経済的な事情や考え方は、人によって大きく違いますので、どの選択をするかの最終的判断はご自身でなさってください。

7-3 介護付き老人ホーム施設へ入る費用は生活費とは別に老後の必要資金としてためておく

　年金だけでは老後資金は足りないというういわゆる「老後資金2,000万円問題」は、第4章「年金はいくらもらえるか」で説明しましたが、この場合の必要老後資金の金額の計算は、健康で自分のことは自分でできるという前提に基づいています。

　もし、自分自身または配偶者の方が要介護状態に陥った時は、介護費用がかかることになります。

　この介護費用は生活費とは別に、老後の必要資金としてためておく必要があります。公的介護保険はありますが、それは介護サービスに関する費用を負担するだけで、住居費、食費、日常生活費などは、原則、介護保険の範囲外です。

　もし、介護付き老人ホーム施設に入所することになれば、その費用がかかることになります。

　夫婦どちらかが要介護状態に陥った時は、どんな介護をすることになるでしょうか?

　まず、介護保険によるサービスを使いながら在宅でどちらかが要介護者を介護することが考えられます。

　しかし、要介護者の状態および介護者の健康状態によりそれがいつまで続けられるかはわかりません。したがって、しかるべき施設での介護を考えておく必要があります。

　7-3-表1 をご覧ください。

　公的施設の場合、特別養護老人ホーム (特養) が考えられます。

　入居一時金もなく、月額利用料も10万円程度ですが、全国で27.5万

人（2022年4月時点）の待機者がいるので、待ち時間が長いのが難点です。

　民間施設の場合、介護レベルによっていろいろな介護施設があります。最も介護レベルの高い介護付き有料老人ホームの月額利用料は15〜35万円ですが、施設によっては入居一時金が500万円から数千万円もするものもあります。

　入居一時金の中央値は50万円程度なので、自分の資金にあったレベルの施設を選ぶ必要がでてきます。

1. 介護費用として一人当たり600万円は必要

　平均介護期間は生命保険文化センターの調査によると61.1か月（約5年）ですから、一人当たりに必要な介護費用は次の通りとなります。

月10万円×61.1か月＝611万円

（月額施設利用料10万円は特養ベース）

　夫婦2人分とすると、約1,200万円が必要になります。

　夫婦のどちらか一方が介護施設に入居すると、その期間に自宅で暮らす人の生活費は減るのではないかと思う方がいらっしゃるかもしれません。

　しかし、要介護者ではない方は、普通に暮らしているので、光熱費、医療費、衣料費などはかかります。生活費は意外と大きく減らないと考えるべきでしょう。

　もちろん、すべての人が介護状態になるわけではないので、介護付老人ホーム費用はかからないで済むこともあります。

　しかし、いざというときのためには、老後必要資金に入れておいた方がよいでしょう。

7-3-表1 介護施設とその費用

	名称	平均入居一時金 (中央値)	平均月額利用料	介護度レベル	入居までの待ち時間
公的施設	ケアハウス	0	10万円程度	主に自立	長い
公的施設	特別養護老人ホーム (特養)	0	10万円程度	中度から重度 (要介護3以上)	長い
民間施設	サービス付き高齢者向け住宅	25万円程度 (10万円程度)	15万円程度	一般型と介護型あり。介護型は自立〜要介護5	長い
民間施設	グループホーム	10万円弱 (0)	12万円程度	要支援2または要介護1〜5	長い
民間施設	住宅型有料老人ホーム	90万円程度 (7万円程度)	15万円程度	自立から中度	短い
民間施設	介護付き有料老人ホーム	350万円程度 (50万円程度)	20万円程度	自立から重度	短い

7-4 民間の生命保険は死亡保障だけでなく、資産運用や税金対策にも使える

　今までは社会保険関連のトピックについて述べてきましたが、この項では、民間の生命保険の使い道について説明したいと思います。

　生命保険は死亡保障のためだけにあるわけではありません。それ以外にもさまざまな機能があります。それらの機能についても説明したいと思います。

1. リスク管理——死亡保障

　死亡保障は生命保険の最も一般的な機能です。

　生命保険は、万が一の事故や病気、災害などのリスクに備えるためのものです。生命保険は、一家の働き手に万が一のことがあった場合に、遺族の生活資金を確保する手段として使われることが最も多く、かつ一般的です。

　実際の使い方については、**7-5**で説明します。

2. 資産運用

　生命保険は、将来の資産形成にも役立ちます。保険料を債券や株式で運用することによって、資産形成の手段として使うことができます。

　生命保険にもいくつかの種類があり、大きく分けると、上記1のように死亡保障に特化したものと、このタイプのように貯蓄機能を重視したものの2種類があります。生命保険によってお金を増やし、将来の子供の教育費や老後の生活費などのための資金を確保することができるのです。

　具体的には、子供の教育費をためる学資保険、老後の年金を準備する個人年金保険などがあります。

3. 税金対策

　保険は、税金対策にも役立ちます。例えば、生命保険料を支払うと生命保険料控除が適用され、税金の還付を受けることができます。また、生命保険の運用益を一時金で受け取ると、一時所得とみなされるので、50万円までは非課税、50万円を超えた部分の1/2だけが総合課税の対象になります。運用益の約20％が課税される株式や債券に比べ税制上優遇されているので、それが生命保険で資産運用をするメリットになっています。

　生命保険による税金対策は相続の際にも活用されます。
　相続の際、相続人が生命保険金を受け取った場合は、「500万円×法定相続人の数」の金額が非課税になります。

4. 資金対策

　相続の際には、相続税を現金で納めなくてはなりません。しかし、家屋や土地などの不動産はあるが現金が少なく、相続税の支払いに困るということがあります。
　また、長男に家屋や土地を相続させたいが、長女には分与する現金がなくて困ることもあります。
　このような場合、被相続人を被保険者にした生命保険に入っておけば、被相続人の死亡の時点で生命保険金が支払われ、それを相続税の支払いや長女への相続財産とすることができるのです。

　このように、生命保険にはさまざまな金融機能があります。それらの機能を人生のいろいろな局面で有効に使っていくことが、お金を増やすこと、守ることにつながっていくのです。

7-5 高齢者の生命保険のうち、死亡保障は必須ではない

　生命保険の死亡保障の目的は、働き手に万が一のことがあった場合、遺族の将来の必要資金を確保することです。

　7-5-表1 をご覧ください。働き手の死亡後の必要資金をライフステージごとにまとめたものです。

　最も必要経費が多い子持ち夫婦世帯について、説明をしています。子なし夫婦世帯や単身者世帯の方は異なりますが、遺族の生活費、住宅費、葬儀代・お墓代については共通と考えてください。

　子持ち夫婦世帯における遺族の将来の必要資金には、遺族の生活費、子供の教育費、住居費、葬儀代、お墓代などが考えられます。

　ライフステージの中で、最も遺族の将来の必要資金の金額が大きく、必要性が切実なのは、結婚したての片働き家庭で子供が生まれた直後といわれています。

　子供に関する必要資金は、ライフステージが進むにつれて少なくなっていきます。

　子供が成長し、進学、就職、結婚、そして独立という過程において、子供の生活費・教育費は徐々に小さくなり、最終的にはゼロになります。

　60歳になった人にとっての必要資金は、多くの場合配偶者の生活費、住居費、葬儀代、お墓代ですが、結婚したてのころと比べると、必要資金はかなり少なく、切実度も低くなっているといえます。

　基本的には上記の通りですが、本人死亡後の必要資金（太枠で囲った部分）のうち、2つの項目については注意をしておく必要があります。

1. 本人死亡後の配偶者の生活費

　夫婦どちらかが先立った場合、残された配偶者の生活費が必要にな

りますが、これは遺族年金を含む本人の年金と今までためた貯蓄で賄うことになります。もし、配偶者の方が十分な年金をもらえないと思われるなら、今からでも貯蓄をしておく必要があります。

2. 住居費

住居費に関する必要費用は次の通りですが、老後の収入があてにできない場合は貯蓄で賄う必要があります。

(1) 持家の人：将来の家の修理・メインテナンス費用(注)

> (注)団体信用生命保険付き住宅ローンのある人も同様です。万一の時は団体信用生命保険が住宅ローンの残額を支払ってくれるので、持家に関する負債はなくなり、家の修理、メンテナンス費用だけを考えればよいことになります。

(2) 賃貸住宅に住んでいる人：亡くなるまでの家賃相当額

ここで問題になるのは、賃貸住宅に住んでいる人です。年金から家賃を支払えば生活費がなくなるので、家賃は貯蓄から賄うしかありません。

貯蓄が十分にある人はともかく、ない人には難しいところです。

7-5-表1 「働き手の死亡後の必要資金」ライフステージによる変化

		子供の独立以前	子供の独立後	働き手の死亡後	働き手の死亡後の配偶者の必要金額を賄うための原資
遺族の生活費		家族全員分	配偶者のみ	配偶者のみ	年金プラス貯蓄
子供の教育費		子供の教育費	不要	不要	
住居費	持家	家の修理・メインテナンス費用	家の修理・メンテナンス費用	家の修理・メインテナンス費用	貯蓄
	賃貸	家賃	家賃	家賃	貯蓄？？
葬儀代、お墓代		葬儀代、お墓代	葬儀代、お墓代	葬儀代、お墓代	貯蓄または生命保険(終身保険)

7-6 損害保険で必要なものは、自宅を災害から守る火災保険、万一の時の個人賠償責任保険、車に乗る人は自動車保険

　一言でいうと、保険とはリスク・マネージメントの手段ということができます。

　リスクとは何でしょうか？

　リスクとは、「損失や危害、または、利得が生じる可能性」で、「単なる損失の可能性」ではありません。

　災害、自動車事故のように損失のみをもたらし、利得の可能性のないリスクもあれば、株式投資、企業買収、経済政策による景気変動等、損失だけでなく利得をもたらす可能性のあるリスクもあります。

　リスク・マネージメントとは、それらのリスクをできるだけ、損失が少なく、利得が多くなるように、コントロールすることをいいます。

　その場合「保険」は、損失に対する経済的補塡のための手段として使われます。

　保険を最も有効に使う方法は、めったに起こらないが、起こると自分の資産や貯蓄では賄えない事柄による経済的損害をカバーするために使うことです。

　7-6 - 図1 をご覧ください。

　これは将来起こりうるリスクをどう管理するかを、リスクの規模と頻度によって分類したものです。一般に企業のリスク管理に使われていますが、個人のリスク管理にも当てはまります。

7-6 -図1 リスク・マネージメント上の4区分

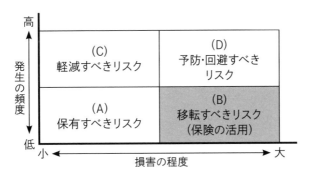

《リスクへの対応》

(A) 低頻度・小損害：発生した損害を「保有」する（自分の資産で備える）

(B) 低頻度・大損害：発生する経済的損害を補塡する保険を購入し、リ
　　　　　　　　　　スクを「移転」する

(C) 高頻度・小損害：発生頻度を下げることを考える。リスクを「軽減」
　　　　　　　　　　する

(D) 高頻度・大損害：発生頻度を下げるか、損害の程度を下げる対応が
　　　　　　　　　　必要。リスクを「回避」する

　このうち、保険でカバーすべきリスクは、(B) の発生する確率は低い
が、いったん発生すると自分の資産では経済的損失を補うことができな
いものです。

　この考え方は、個人が突発的な事故を扱う損害保険に入るか否かの決
断をする際に使うことができます。

　損害保険でカバーすべきリスクとしては、自宅の火災や風水災による
損害、自動車事故や自転車事故などで誤って他者を傷つけたり、死亡さ
せたりした場合の損害賠償などが挙げられます。

　したがって、個人が入るべき保険は次の通りとなります。

1. 火災保険
2. 個人賠償責任保険
3. 自動車保険

これらについて、一つ一つ解説したいと思います。

1. 火災保険

　自宅が火災、台風などの自然災害で損害を被ることは多くありませんが、いったん起こった場合の損害は、100万円台から1,000万円以上になる可能性もあります。これは、個人の貯蓄から補填できる規模ではないので、保険でカバーするリスクということになります。

　避暑地に別荘を持っている場合や賃貸用の不動産を保有している場合も同様です。

　地震保険についていうと、火災保険と違い、補償金額は火災保険の保険金額の30〜50％であり、保険料も高いので判断が難しいところです。

2. 個人賠償責任保険

　個人またはその家族が日常生活で誤って他人にけがをさせてしまったり、他人の物を壊してしまったりして、法律上の賠償責任を負った場合の損害を補償する保険です。

　例えば、次の事例が考えられます。

（1）自転車を誤って子供やお年寄りにぶつけて、けがをさせた、または、死亡させた。
（2）ベランダから誤って植木鉢を落とし、通行人にけがをさせた。
（3）ガス爆発によって隣の建物を損壊させた。

　上記のような場合の賠償責任が補償されます。
　これらも、めったに起こるものではありませんが、いざ起こると、何

千万円〜何億円という補償を請求されたりすることがあるので、自分や自分の家族を守るために入っておく必要があります。

　保険料も安く、火災保険か自動車保険の特約として加入することができ、年間保険料は1,500円程度です。

③ 3. 自動車保険

　自動車で誤って歩行者をひいてけがをさせたり、死亡させたりしたときの賠償金、対向車と衝突して相手の車を破損させたときの修理費用、自分自身がケガをした場合の治療費などが補償されます。自分の車を守る車両保険には必ずしも入る必要はありませんが、対人・対物補償は必須です。

　めったに起こらないが、起きたときの損害が高額という部類に当てはまるからです。

　これで第7章「保険」の説明は終わりです。我々の周りには、様々なリスクとそれを回避する手段としての保険があることがおわかりいただけたと思います。

　それぞれの保険商品の保障内容とそのコスト、社会保険と民間保険の保障内容の差を知って保険をうまく活用することが重要になります。

お わ り に

　この本のアイデアは、年金生活者であり、個人事業主でもある私自身が日々感じているメリットを読者の方々に伝えたいという発想から生まれました。当初は税務上のメリットを中心に書くつもりでしたが、定年を意識しだした会社員の方々の、仕事や生活全般に関する包括的なアドバイスができないかという形に発展していきました。

　会社退職後の人生を成功させるためには、どんな仕事を選んだらよいかということのほかに、仕事とその周辺の生活を支える年金、税金、保険、資産運用などの枠組みをしっかりしたものにする必要があります。
　そのためには何をしたらよいのかということを考えると、退職前後の会社員の方々には知らねばならないこと、やらねばならないことが山積していることに気づきました。
　例えば、年金は繰下げ受給したほうが良いのか、個人事業主としての税務上の特典を獲得するには何をすればよいのか、保険は巷にあふれるほどありますが、自分のニーズに合う保険をどのように選んだらよいのか、コロナバブルが終わった株式市場に投資してお金を増やすにはどのような方法がいいのか、などなどです。

　どうしたらそれらの事項について最も有利な選択をすることができるのでしょうか？
　私自身が考えてきたことやFP相談で顧客の方にお伝えしてきたことなどをまとめて提示すれば、定年を意識しだした会社員の方々のお役に立てるのではないかと考え、この本を執筆しました。
　会社員の方々が知らなくてはいけないことは、一通り網羅したと思っています。

　比較的簡単にできることもあれば、実行にいくらかの努力を要することもあります。世の中の制度の仕組みを理解し、得をする方法を考え、実行に移すことは、今後しばらく会社員を続けるにしろ、個人事業主として独立するにしろ、有益であると信じています。

これからも読者の皆さまのニーズに応え、わかりやすく説明することを大切にしていきたいと思います。

　この本の出版に際し、多くの方々にお世話になりました。

　まず始めに、私の企画に共感してくださり、短期間で本の形に仕上がるまでにご尽力いただいたPHP研究所の姥康宏さんとそのスタッフの方々、熱心なご指導とサポートをいただきました。おかげで、私の思いを文字にすることができました。心から感謝申し上げます。

　また、ネクストサービスの松尾昭仁さん、大沢治子さん並びに諸先輩方、同期の皆さん。たくさんの応援、ご指導いただき、ありがとうございました。

　私の古くからの友人である宇野靖彦氏、さらに、私の家族にもさまざまな面で助けてもらいました。妻には私の書いた文章を読んでもらい、できるだけわかりやすい表現にすることに協力してもらいました。感謝しています。

　最後に、本書を手に取ってくださった読者の皆さまにも深く感謝いたします。私の思いや経験を共有し、読んでいただいたことを本当に嬉しく思います。よろしければ、また、お会いしましょう。

2023年7月

浦上　登

〈著者略歴〉

浦上 登（うらかみ・のぼる）

1951年東京築地生まれ。現在71歳の現役ファイナンシャル・プランナー。
魚市場や築地本願寺のある下町で育つ。筑波大学付属中学・高校から早稲田大学政治経済学部を卒業後、三菱重工業に入社し、海外向け発電プラントの仕事に携わる。ベネズエラ駐在、米国ロスアンゼルス営業所長などを歴任。その後、三菱重工グループの保険代理店に移り、取締役東京支店長。2009年にはファイナンシャル・プランナーの上位資格であるCFPを最速で取得。顧客へのお金に関する入門講座「人生どれだけお金があったらいいか」などを行う。
2017年にサマーアロー・コンサルティングを設立、企業コンサルティングとともに、FPとしてのアドバイス業務を本格的に開始。日本FP協会フォーラム講師、駒沢女子大学特別招聘講師などを務める。アドバイスの範囲は、住宅購入、子供の教育費、定年後の働き方や年金・資産運用などの老後対策等、ライフプラン全般にわたり、これから人生の礎を築いていく若者層とともに、同年代の高齢者層からも絶大な信頼を集めている。
CFP認定者（日本FP協会）、証券外務員第1種（日本証券業協会）。
ファイナンシャル・フィールドに「お金」の記事を連載中
https://financial-field.com/person/urakami-noboru
サマーアロー・コンサルティングHP　https://briansummer.wixsite.com/summerarrow

70歳現役FPが教える
60歳からの「働き方」と「お金」の正解

2023年8月10日　第1版第1刷発行

著　者	浦　上　　　登	
発行者	永　田　貴　之	
発行所	株式会社PHP研究所	

東京本部　〒135-8137 江東区豊洲5-6-52
　　　ビジネス・教養出版部　☎03-3520-9619（編集）
　　　　　　　　普及部　☎03-3520-9630（販売）
京都本部　〒601-8411 京都市南区西九条北ノ内町11
PHP INTERFACE　https://www.php.co.jp/

組　版	有限会社エヴリ・シンク
印刷所	大日本印刷株式会社
製本所	

50歳からやってはいけないお金のこと

大江英樹 著

老後資金を貯めようと、日々の節約に励んだり、会社での出世に努めたり、安易に投資に手を出したり……。これらは全部NGです！

〈PHPビジネス新書〉 定価 本体一、〇〇〇円（税別）

PHPの本

斎藤一人　今はひとりでも、絶対だいじょうぶ

斎藤一人 著

ひとりの「さびしさ」も「孤独」もすっきり解消！しかも自分の周りに「いい人」が集まって、幸せも舞い込んでくる生き方を公開！

定価 本体一、四〇〇円（税別）

ＰＨＰの本

1冊でまるわかり 50歳からの新ＮＩＳＡ活用法

中野晴啓 著

2024年1月に始まる新ＮＩＳＡ。制度改正の内容・経緯から、50歳からでも十分間に合う老後資金作りのための活用法までを解説。

〈ＰＨＰビジネス新書〉 定価 本体八九〇円（税別）